ARIE SMIT

Hikayat Luar Biasa
Tentara Penembak Cahaya

ARIE SMIT

Hikayat Luar Biasa
Tentara Penembak Cahaya

Agus Dermawan T

Jakarta:
KPG (Kepustakaan Populer Gramedia)

ARIE SMIT
Hikayat Luar Biasa Tentara Penembak Cahaya

KPG 59 16 01262

Cetakan pertama, September 2016

Pembaca Awal
Iliana Lie

Penyunting
Robertus Rony Setiawan

Penataletak
Wendie Artswenda

Ilustrasi
G.M.Sudarta, "Arie Smit, Pelukis Nyurodadu"

Perancang Sampul
Priyanto dan ADT

Gambar sampul
Arie Smit, 1938.
Lukisan Arie Smit, "Sehabis Hujan di Pura Bangli, Bali", 1996.

DERMAWAN T, Agus
ARIE SMIT: Hikayat Luar Biasa Tentara Penembak Cahaya
Jakarta; KPG (Kepustakaan Populer Gramedia), 2016
viii + 232 hlm.; 15 cm x 23 cm
ISBN: 978-602-424-185-8

Dicetak oleh PT Gramedia, Jakarta.
Isi di luar tanggung jawab percetakan.

DAFTAR ISI

arie Smit

Arie Smit

I

Arie Smit, Siapa dan di Mana

Datang. Hilang. Muncul Lagi

SEBAGIAN orang menyebut Arie Smit sebagai pelukis Belanda yang tinggal di Bali. Tapi, Arie Smit selalu menyangkal sebutan itu. Ia minta dicatat sebagai pelukis Bali yang tinggal di Indonesia, atau malah seniman Indonesia yang lahir di Belanda.

Arie Smit, kelahiran Zaandam, Belanda, 1916, telah menjadi warganegara Indonesia sejak 1950. Namun kewarganegaraan yang ia terima dengan penuh sukacita itu, memang tak dapat mengubah perawakan fisiknya. Hingga usianya yang ke-100, bahkan sampai ia terbujur tenang di peraduan terakhir, sosok Arie memang masih Belanda tulen. Tubuhnya tinggi besar. Kulitnya putih kemerahan dengan rambut hitam semu kelabu. Beratnya senantiasa tak kurang dari 90 kilogram.

Agaknya kita bakal luput menangkap pikiran dan hati Arie, jika cuma menimbang dari raganya yang Belanda. Sebab, jika kita masuk lebih dalam, "jiwa" Arie telah benar-benar Indonesia. Itu sebabnya membicarakan kesenilukisan Arie berarti seratus persen membincangkan salah satu khazanah seni lukis Indonesia. Sama seperti ketika kita membincangkan S. Sudjojono, Affandi, Lee Man Fong, Hendra Gunawan, atau Nyoman Gunarsa.

Ironisnya, sejauh-jauh Arie menghadirkan diri sebagai bagian bangsa Indonesia, sebagian masyarakat masih memposisikannya secara keliru. Pada pertengahan 1992 Pemerintah Daerah Bali menganugerahkan penghargaan medali emas Dharma Kusuma kepadanya sebagai "orang asing" yang berjasa kepada pertumbuhan seni lukis Bali. Disebut sebagai "orang asing", Arie tidak jadi kikuk, dan tetap menerima medali itu dengan lapang dada. "Namun bagaimanapun, saya merasa ada yang aneh. Saya masih saja dianggap dari planet lain," kata Arie geregetan.

Arie Smit adalah pelukis yang lekat dengan Indonesia. Ia merasa pernah jadi "orang Jawa" ketika selama 12 tahun harus hidup di Batavia dan Bandung. Ia juga telah menyatu dengan tanah Bali, pulau yang akhirnya memberi asupan jiwa dan raganya sekaligus membesarkan namanya. Di Pulau Dewata itu pula ia malah jadi amat khusyuk. Begitu khusyuk sehingga bisa dikatakan ia menenggelamkan dirinya dalam-dalam ke kolam kenikmatan penciptaan, dari jam ke jam, dari hari ke hari.

Kekhusyukan tersebut memang membawa kebahagiaan penuh bagi Arie. Tapi ia kurang menyadari—atau pura-pura tidak tahu—betapa kekhusyukan itu lambat-laun menghilangkan namanya di ruang perbincangan seni rupa. Pikiran-pikiran dan karya-karyanya selama beberapa periode jadi tidak lagi menonjol ke tengah khalayak. Masyarakat seni bisa menghitung, setidaknya sejak kurun 1966 hingga 1990, nama Arie bagai terhapus dari kitab sejarah dan wacana seni rupa Indonesia. Padahal, ia pernah sangat populer di Bali sampai tengah 1960-an. Ibarat lilin, setelah menyala terang, perlahan meredup, kemudian mati.

Berbagai kitab sejarah seni rupa yang ditulis sampai 1990 menyebut nama Arie seolah hanya sebagai pelukis Hindia Belanda yang pernah tersesat dan kemudian bekerja di sebuah kampung di Pulau Dewata.

Tafsir "hilang" ini kemudian menghapus nama Arie dalam ingatan para pengamat seni, kritikus, apresiator, bahkan *art historian.* Arie pun serta-merta terhapus dalam banyak catatan sejarah.

Buku *Seni Lukis Indonesia Baru: Sebuah Pengantar* karya Sanento Yuliman dan kawan-kawan (Dewan Kesenian Jakarta, 1976), misalnya, sama sekali tak menyinggung Arie Smit. Lebih jauh lagi, buku ini seolah melupakan seni Bali sebagai bagian paling khas dari seni lukis Indonesia. Buku yang lain, *Perjalanan Seni Rupa Indonesia: Dari Zaman Prasejarah Hingga Masa Kini* yang dieditori Prof. Dr Mochtar Kusuma Atmadja (Panitia Pameran KIAS, 1990), "lupa" pula menyebut Arie Smit.

Begitu juga buku *Seni Lukis Jakarta Dalam Sorotan* susunan Drs Sudarmaji (Pemerintah Daerah Khusus Ibukota, Jakarta, 1974). Padahal, Arie Smit pernah menjadi bagian dari perkembangan seni rupa Jakarta, sebelum ia bermukim di Bali. Pada waktu itu ia memposisikan diri sebagai pekerja seni grafis. Agak ironis karena buku ini berulang kali menyebut nama Jan Frank, Romualdo Locatelli, C.L. Dake Jr, W.G. Hofker, sampai Rudolf Bonnet. Selain itu penyusunnya adalah Kepala Balai Seni Rupa Fatahillah, Sudarmaji, yang sangat dekat dengan sejarah.

Karena itu, ketika diminta untuk menulis pengantar buku album lukisan Arie Smit, terbitan Koes Artbooks-Bali 1995, Sudarmaji mengaku agak terkejut. Dia kemudian berkata terus terang, "Sesungguhnya saya agak malu, karena pernah menganggap Arie sudah mundur dari dunia seni. Saya pikir ia sudah mengurus *homestay* di Ubud, atau punya restoran ala Eropa di Sanur. Hahaha... Saya baru tahu Arie Smit masih aktif setelah banyak bercakap dengan Suteja Neka dan membaca literatur karya Garret Kam," katanya. Meski begitu ia juga bertanya, "Tapi, apakah ketidaktahuan itu kesalahan saya?"

Beruntung buku susunan G.M. Sudarta, *Seni Lukis Bali Dalam Tiga Generasi* (PT. Gramedia, 1975) sempat menulis peran Arie dalam beberapa alinea. Di situ diceritakan bahwa pada 1960 Arie memberikan kejutan kepada seni lukis Bali lewat perkumpulan Young Artist. Kejutan menyeruak di tengah suasana seni lukis Bali yang berjalan tenang selama seperempat abad, sejak berdirinya Pita Maha tahun 1935. Buku itu, yang ditulis oleh karikaturis, penulis, dan pelukis ternama, diterbitkan dalam rangka ulang tahun ke-10 harian *Kompas,* sehingga beredar cukup luas. Masyarakat pun sejenak mengingat ihwal Arie, namun kemudian segera melupakan lagi dalam waktu cukup lama, lantaran Arie diam-diam melarikan diri dari gelanggang.

Perbincangan sejarah seni di berbagai kelas perguruan tinggi juga menuturkan, sejak meramaikan dunia seni Bali lewat perkumpulan fenomenal Young Artist di Dusun Penestanan, Bali, kurun 1960-1966, Arie Smit pelan-pelan menghilang dari jagat seni. Ia seperti sengaja bersembunyi di berbagai sudut Bali. Padahal, vitalitas keseniannya menjadi aset penting untuk selalu diuar-uarkan guna menstimulasi seni rupa nasional. Arie sangat diharapkan menjadi bagian deretan ikon seni rupa Indonesia, yang terus mencari panduan untuk berkembang.

Pada 1973 saya bersama perupa Narsen Afatara (sekarang Profesor Doktor Seni Rupa Universitas Nasional Sebelas Maret, Solo), berkeliling Bali dan mampir ke sejumlah studio pelukis besar: dari I Gusti Nyoman Lempad, I Gusti Ketut Kobot, Ida Bagus Made Poleng, Ida Bagus Made Nadera, Han Snel, sampai Antonio Blanco. Sahabat yang jadi pemandu saya, pelukis I Gusti Bagus Wijaya dan I Pande Gde Supada, waktu itu lupa mengantar kami ke Arie Smit. Bahkan selama perjalanan mereka juga tidak menyebut nama Arie. Ketika mampir di kediaman I Nyoman Tusan di Desa Tejakula, saya bertanya: kira-kira jejak pelukis pendatang siapa saja yang bisa kami tilik dan kunjungi? Tusan menjawab: Miguel Covarrubias, Walter Spies, Theo Meier, Donald Friend, pasangan Louise Garrett, dan Robert Koke. Ia sama sekali tidak menyinggung nama Arie Smit. Lagi-lagi lupa! Tusan adalah pelukis dan birokrat seni lulusan Institut Teknologi Bandung, tempat masyarakat Bali bertanya ihwal seni rupa modern.

"Padahal sejak awal disadari, Arie bukan milik Bali saja, tapi juga milik Indonesia. Ia pernah jadi milik Jakarta dan Bandung, sebelum dan lima tahun pascakemerdekaan Indonesia. Karena itu, ketika ia tidak muncul ke permukaan, sejarah sah untuk bertanya, di mana dia?" kata Agung Rai dalam kesempatan lain.

Di bagian lain, pendiri dan pemilik ARMA (Agung Rai Museum of Art) di Ubud ini mengatakan, bahwa Arie memang jenis manusia

"Bunga dalam Vas dan Patung Figuratif", 1956

blusukan. Seniman yang gemar menyelinap di kampung-kampung dan desa yang jauh dari publikasi. Bahkan ketika berdiam di sebuah dusun, penduduk di sana sering tak tahu bahwa dia adalah Arie Smit, yang dulu sangat populer.

"Dia sangat berbeda dengan Bonnet, yang bergaul dekat dengan keluarga puri, para ningrat, atau raja dan keturunan raja di berbagai wilayah Bali. Bonnet memilih berada di wilayah yang kelihatan, *high profile*. Sementara wilayah pergaulan Arie tersembunyi, di dusun-dusun, sangat kerakyatan. Itu sebabnya, walau saling kenal dengan baik, Bonnet dan Arie tidak akrab. Mereka beda ideologi," kata Agung Rai.

Meskipun demikian, sesungguhnya sesekali Arie juga hadir ke tengah komunitas, disertai sejumlah karyanya yang diusung diam-diam oleh beberapa promotor. Sepanjang era "menghilang" itu, sebilangan karya Arie pernah dihadirkan dalam pameran tunggal di Alpha Gallery Singapura serta di Sanur Beach, Bali, di sebuah hotel bintang lima yang dianggap milik wisatawan asing dan "semi tertutup" bagi publik umum.

Sementara itu, di Jakarta karyanya beberapa kali dipajang secara khusus di *art shop* Banowati di kawasan Menteng.

Dalam berbagai pameran itu, figur Arie nyaris tak pernah tampak. "Saya khawatir kehadiran saya mengganggu. Tapi sesungguhnya lukisan saya sudah bisa memandu dirinya sendiri. Ia seperti *toeristengids* (*guide* turis)," ujar Arie suatu kali di tahun 2000. Akibatnya, kehadiran karya-karyanya kala itu bak pameran koleksi saja, yang dikhususkan bagi peminat seni tertentu. Karakter kepribadian yang terlalu *low profile* serta sifat pamerannya yang cenderung sederhana, tanpa uar-uar, menjadikan sosok Arie luput dari pandangan media. Nama dan karya-karyanya seolah terkubur oleh riuh rendahnya pameran serta wacana perhelatan seni rupa modern di Jakarta, Bandung, Sumatera Barat, Yogyakarta, dan Surabaya.

Sekitar 25 tahun Arie hilang dari ingatan banyak orang.

"Barangkali saya dianggap menenggelamkan diri di Danau Batur. Bunuh diri di Tebing Uluwatu. Baik. Saya bersyukur, dugaan-dugaan itu menyebabkan saya menjadi semakin panjang umur. Tapi saya mengatakan bahwa saya bersemadi di sisi Pura Bangli, di balik pohon kluwih di tebing Sungai Campuhan, duduk tenang di dekat angkul-angkul di Pantai Lovina. Sesungguhnya dari tempat-tempat itu saya sibuk mengatur jadwal pertemuan dengan matahari, atas bantuan para dewa," ujarnya serius.

Alienasi diri tersebut sirna setelah memasuki dekade terakhir abad ke-20. Kurun waktu itu Arie tiba-tiba kembali menyeruak gelanggang, menyelinap di sela-sela gelombang pasang lukisan Indonesia. Lukisan-lukisannya yang semula hanya satu-dua—entah datang dari mana—muncul dalam jumlah yang cukup banyak melalui pameran tunggal. Arie pun mendadak "datang dan hidup lagi".

Pada Juni 1990 ia berpameran tunggal di gedung CSIS (Centre for Strategic and International Studies), Jakarta. Jusuf Wanandi, sang promotor yang dikenal luas sebagai politikus, menyadari bahwa selama itu Arie tersembunyi. Karena itu Jusuf merancang publikasi seluas-luasnya. Media massa diundang untuk menimbang dengan bebas. Eksistensi Arie "diperkenalkan kembali" ke khalayak. Publik pun menyambut dengan antusias. Dari pameran ini prestasi artistik kesenilukisan Arie Smit lantas dinilai dengan teliti.

Bali yang memukau Arie.

Sejumlah komentar lalu menyertai hidup seni lukis Arie yang tadinya selalu diam, mistrius, bagai danau di dalam hutan. Kritikus Bambang Bujono, misalnya, menulis ihwal karya-karya Arie dalam pameran itu di majalah *Tempo* edisi 2 Juni 1990. Petikannya begini:

> *"Arie Smit tampaknya memang akrab dengan alam. Bukan cuma akrab: terkesan dari banyak karyanya ia seolah bukan melihat alam tapi berada di dalam alam. Ia tak melihat pohon, bunga, langit, tanah, air, bahkan manusia satu per satu..." Selanjutnya Bambang menulis: "Yang jadi menarik dilihat bukan karena inovasinya, melainkan karena sikap keseniannya. Lukisan-lukisannya bukan karya yang akan mempengaruhi sejarah seni rupa Indonesia, tapi karya yang bisa dinikmati sebagai kesenian".*

Pameran tunggal Arie Smit ini memang merangsang hadirnya berbagai pendapat. Kemunculannya yang tiba-tiba *high profile* itu dianggap sebagai bagian dari dongeng "bangunnya raksasa tidur" atau "raksasa yang mendadak dahaga". Lukisan-lukisan yang dihadirkan dijunjung oleh masyarakat umum sebagai sesuatu yang memberikan citra visual baru dalam seni lukis, pada aspek gaya, aliran, maupun perwujudannya.

Di *Kompas* 22 Mei 1990, Rikard Bagun menyetujui apabila karya-karya Arie Smit disebut "realisme puitik". Sebutan itu untuk menggambarkan suatu realitas yang diolah oleh puncak tertinggi perasaan manusia yang berstatus seniman. Apa yang ia katakan mengacu kepada moto Simonides bahwa lukisan adalah puisi yang diam. Lebih jauh Rikard menulis begini: "*Karya seni Arie memiliki kekhasan sendiri, sesuai dengan apa yang dikatakan Emile Zola,* un coin de la nature vu a'ravers un temperament *(sekelumit alam yang dilihat melalui suatu temperamen)... Lukisan Arie Smit memiliki kedalamannya sendiri. Ia menginterpretasikan realitas".*

Karya-karya Arie kelihatan mengajak pemandangnya untuk menatap sosoknya sebagai manusia. Lukisan-lukisannya memang selalu mengesankan ada pertautan kuat antara ciptaan dan pembuatnya. Salah satu dari banyak tulisan yang mempertautkan hal tersebut adalah karangan pengamat seni Sides Sudyarto D.S, di *Media Indonesia*, 22 Mei 1990.

> *"Arie Smit jatuh cinta kelewat batas kepada Pulau Dewata. Terbukti, dalam sepanjang usianya, Bali selalu memberikan inspirasi bagi lukisannya. Terutama keindahan alam yang ada di sana. Ia memandang langit yang bercumbu dengan permukaan laut bagaikan sebuah drama. Ia menatap pantulan-pantulan cahaya mentari bagaikan tarian yang hening... Baginya, Bali tidak pernah biasa. Pulau Keindahan itu selalu luar biasa di matanya."*

Surat kabar *Internasional Herald Tribune* Singapura edisi 24 Mei 1990 membuat catatan panjang mengenai pikiran-pikiran dan wujud karya Arie. Media itu menulis, Arie Smit selalu memeluk segala sesuatu yang mengabur, tak terlalu jelas, sugestif, dan aproksimatif. Dikatakan pula bahwa Arie menyebut karya-karyanya sebagai realisme, sebagai rekaman obyek yang tak jauh dari sekitar manusia. Namun realisme Arie senantiasa disertai pikiran dan perasaan akan kelembutan. Tiada garis yang memisah. Tiada warna yang dibuat membentur. Tiada detail-detail yang tajam. Semuanya dibikin samar-samar dan padu. Tulisan Michael Richardson tersebut berjudul *Indonesia's Painter of Paradise.*

Sejak pameran itu kehadiran Arie ditunggu-tunggu. Sosok dan lukisan Arie Smit "mendadak" menjadi sangat penting. Sekitar 18 bulan kemudian, di penghujung 1991, puluhan lukisan Arie kembali tampil dalam pameran tunggal di Hotel Nusa Dua, Bali. Di pagelaran ini karya Arie yang sekian lama disembunyikan, mulai dikeluarkan. Masyarakat dan pers mengapresiasi tinggi-tinggi. Para kolektor pun mulai mengamati dengan saksama, kemudian mengoleksi.

"Banyak yang tidak kebagian!" kata sejumlah peminat seni serius. Itu sebabnya setengah tahun kemudian lukisan Arie kembali dihadirkan di Museum Neka, Ubud, Bali. Oleh karena jumlahnya yang terbatas, karya-karya Arie kali ini ditemani buah cipta Paul Nagano, pelukis cat air piawai dari Hawaii.

Beberapa kritikus seni mengatakan bahwa kehadirannya itu terlalu dekat dengan penampilan sebelumnya sehingga terasa sebagai pameran komersial, pameran yang memburu pasar. Namun kritik oral yang kadang berubah jadi olok-olok itu tidak membuat Arie dan promotornya goyah.

"O ya? Sebenarnya, kapan saya harus pameran, tentu semau-mau saya. Kapan saya tidak pameran, tentu juga semau-mau saya. Seperti ketika saya tidak tampil selama belasan tahun, juga semau-mau saya. *Zich niets aantreken van alle spot.* Pada saat tertentu saya boleh tidak mempedulikan semua olok-olok," katanya santai.

Buktinya, setahun kemudian Arie tampil lagi. Bahkan dengan tampilan yang spektakuler. Dalam pameran Mei 1993 di Galeri Santi yang terletak di Jakarta Selatan itu ia menghadirkan 77 lukisan. Sebagian lukisan baru, sebagian yang lain karya yang diciptakan kala ia menghilang puluhan tahun. Jumlah 77 mengacu pada umurnya kala itu. Fantastis. Ketika pameran baru berlangsung lima hari, yang tersisa tinggal empat lukisan.

Setelah itu Arie ingin beristirahat.

"Cukuplah. Pameran terlampau sering memang ada risiko, ya. *Sommigen zijn blij, maar anderen zijn boos* (Ada yang gembira, tetapi ada pula yang marah)," katanya. Yang senang mungkin promotor atau penjualnya. Yang marah adalah apresiator yang ingin melihat perkembangan karya Arie lewat tahapan-tahapan penciptaannya.

Sejak itu Arie hanya ikut pameran-pameran kecil yang dilakukan di Bali dan di Galeri Art Folio, Singapura. Bersamaan dengan itu, karya-karya Arie banyak beredar di kalangan kolektor secara *door to door*. Lukisan Arie terus dicari, bagai aset investasi yang istimewa.

Karya-karya Arie makin ramai jadi perbincangan pencinta seni. Keriuhan ini menstimulasi penerbit untuk membuat kitab album besar. Lalu terbitlah buku setebal bantal, *Vibrant Arie Smit* yang disusun oleh Amir Sidharta. Buku ini diluncurkan di Hotel Shangri-la, Jakarta, pada April 2002. Acaranya dibikin meriah bukan main, layaknya pesta perkawinan. Arie yang tinggi besar itu muncul anggun di panggung dengan iringan gemuruh tepuk tangan.

Tamu Seniman Keseribu

Kedatangan Arie Smit ke Bali tahun 1956 selalu diingat orang. Dan hasrat Arie untuk selalu tinggal di Bali, serta bekerja untuk seni rupa di Bali, sangat dihargai masyarakat setempat. Sebagaimana umumnya orang Bali menganggap orang non-bumiputra Bali sebagai "tamu", maka Arie Smit dikategorikan sebagai "Tamu Agung". Untuk hal ini, Arie tak keberatan. "Mungkin jika saya berganti nama jadi I Nyoman Ari, baru mereka memposisikan saya sebagai bagian dari banjar," kata Arie bergurau.

Kehadiran Arie tentu merupakan kemunculan "tamu seni rupa" ke-1.000 di tanah Bali. Seperti kedatangan para tamu seni rupa lain yang ingin menghayati alam dan kebudayaan Bali, untuk kemudian dijadikan obyek seni rupa, Arie juga ingin tahu lebih jauh perjalanan sejarah seni rupa Bali. "Saya seniman yang muncul dari akademi. Di Belanda saya boleh mengenal Hieronymus Bosch, Lucas van Leyden, sampai Van Gogh. Di sini saya rasanya harus tahu kedalaman dan keluasan bidang

"Beringin Keramat," 1986

gambar seniman Bali," katanya. Sejarah seni lukis Bali pun ia pelajari lewat berbagai kitab dan pengembaraan ke pelosok, dari Negara sampai Singaraja, dari *kaja* (utara, gunung) sampai *kelod* (selatan, laut).

Ia pun jadi paham bahwa seni rupa Bali telah dimulai sejak zaman prasejarah, seperti bisa dilihat pada sarkofagus-sarkofagus, nekara-nekara, serta benda-benda peninggalan dari batu dan perunggu. Nekara perunggu di Pura Penataran Sasih, di Desa Pejeng, Kabupaten Gianyar adalah salah satu contohnya. Oleh masyarakat Bali, nekara ini dikenal dengan sebutan *Bulan Pejeng*. Selain itu bisa pula disimak peninggalan-peninggalan tua berbentuk seni pahat atau relief, seperti relief *Yeh Pulu* yang terletak di Desa Bedahulu, Gianyar. Relief ini menampilkan bentuk-bentuk yang realistis.

Sementara seni lukis baru dikenal sekitar abad ke-11, ketika sejumlah prasasti yang dikeluarkan oleh Raja Anak Wungsu memberikan tanda-tanda adanya kelompok yang mempunyai keahlian melukis. Pada salah satu prasasti itu terdapat goresan bermotif wayang yang menggambarkan Batara Syiwa. Perkembangan seni lukis ini selanjutnya terlihat nyata pada naskah-naskah kuno yang berupa lontar-lontar. Kitab lontar yang biasanya berisikan cerita legenda dan cerita wayang, menggunakan ilustrasi gambar yang selalu tampil indah.

"Dipastikan, inilah cikal bakal perkembangan seni lukis klasik Bali," Arie menegaskan.

Ia meneliti bahwa seni lukis klasik berkembang hampir di seluruh wilayah Bali. Seni lukis wayang di Desa Kamasan dekat Klungkung, sudah berkembang sejak abad ke-15 dan sangat maju pada saat pemerintahan Dalem Watu Renggong. Di wilayah Bali Aga di Karangasem, tepatnya di Desa Julah, berkembang seni lukis wayang yang bentuknya lebih sederhana dibandingkan seni wayang Kamasan.

Arie tertegun ketika memahami, betapa fungsi dari seni lukis pada waktu itu terutama untuk kepentingan adat, pura dan puri. Seni lukis Bali dibuat untuk dipersembahkan sebagai hiasan pura, ritual agama, balai adat, serta untuk menghias tempat tinggal raja dan *punggawa*. Di sini para pelukis menggambarkan para dewa, seperti Dewa Brahma, Dewa Wisnu, Dewa Syiwa. Juga mengambil tema dari cuplikan epos *Ramayana* dan *Mahabharata*. Kedua epos itu dilukiskan dalam bentuk wayang yang bercorak dekoratif. Cerita legenda seperti *Malat Panji*, *Cupak Gerantang*, *Calonarang*, serta sejumlah cerita tantri lain juga dilukiskan. Penciptanya yang disebut *sangging*, tidak mencantumkan nama pada karyanya. Umumnya, selain melukis, para seniman itu punya kemampuan sebagai dekorator, *undagi* (arsitek) dan pematung. Bahkan ada di antaranya yang ahli menari dan main musik.

"Ini mirip dengan dunia seni lukis klasik di Eropa sebelum memasuki masa Renaissance, terutama lukisan-lukisan yang dibuat sesuai dengan kemauan patron penguasa gereja. Namun di Eropa para pelukis tidak mampu menari dan bermusik. Bali luar biasa," kata Arie.

Ia juga mempelajari, banyak faktor yang mempengaruhi perkembangan seni lukis tradisional Bali. Mulai dari alam lingkungan, sejarah,

"Balada Arie Smit", lukisan Tedja Suminar.

adat istiadat, agama (Hindu) sampai kebudayaan lain dari luar Bali seperti Jawa, India, dan terutama Tiongkok.

"Yang membuat saya terpesona, seni lukis di Bali bisa tumbuh di setiap daerah, dalam berbagai strata, dalam berbagai karakter, dan muncul menjadi mazhab-mazhab. *Eenbiedwekkend* (mengagumkan)!" katanya.

Ia lantas mengurai beberapa mazhab yang selalu ingin ia pahami.

Seni lukis tradisional Bali gaya Batuan, misalnya, berkembang di Desa Batuan, Sukawati, Gianyar. Seni lukis ini memiliki gaya yang khas, atau berbeda dengan gaya seni lukis yang dibentuk oleh wilayah-wilayah lain di Bali, seperti Kamasan, Ubud, Singaraja, Sanur, dan sebagainya. Elemen seni lukis Batuan yang dekoratif ditata sedemikian rupa sehingga tampak sangat detail, dengan kerapatan ruang yang optimal. Peranan garis begitu penting sebagai pembatas bidang yang dilukis dengan telaten.

Tema-tema yang digelar dalam lukisan awalnya antara lain cerita tantri, dongeng, dan fabel, dengan sesekali mengambil tema kehidupan sehari-hari di Bali. Pada sejarah permulaan yang dibentuk medio perempat abad ke-20, ketekunan para seniman tampak nyata karena mereka bekerja di atas bidang yang berukuran tidak besar.

Dalam mewujudkan karyanya, mereka lebih menyukai medium cat air atau tempera di atas kertas. Gaya ini dikembangkan serius sejak 1930-an. Tokoh-tokohnya adalah Nyoman Patera, Ketut Reneh, Ida Bagus Made Togog, Ketut Kitjen, Wayan Taweng, Ida Bagus Made Djata, Ida Bagus Made Widja, Wayan Radjin, Wayan Ketig, Made Kicen, Dewa Kompyang Pasek.

"Tentu saya paling sering teringat I Nyoman Ngendon, pelukis dan pejuang kemerdekaan anak buah Ngurah Rai. Ya, Ngendon gugur ditembak polisi NICA, teman-teman saya, di kuburan Dentiyis pada 1947," Arie berkata. Ia tak mau menyinggung bahwa mayat Ngendon diseret dengan mobil di sepanjang Jalan Sukawati untuk memberi rasa takut masyarakat Bali.

Karya-karya Batuan umumnya ekspresif, dengan atmosfer mencekam dan *tenget*. Visualisasinya khas. Ini adalah perkembangan gaya klasik yang lebih menekankan teknik hitam putih, yang dalam bahasa Bali disebut *sigar mangsi*. Dalam pewarnaan umumnya digunakan warna hijau kelam dan merah tua kecoklatan dengan latar belakang gelap.

Pesona lukisan gaya Batuan ini sempat menyedot perhatian sejumlah pelukis yang hidup di wilayah Pantai Sanur. Maka para pelukis kelahiran Sanur banyak berguru kepada pelukis Batuan. Dengan begitu dunia seni lukis Sanur diam-diam terimbas pengaruh gaya Batuan. Seperti terlihat dalam karya I Ketut Pugeg, I Made Randut, Ida Bagus Made Peguh, I Ketut Regung, Agung Made Glogor yang semuanya giat berkarya di tahun 1930-an. Juga I Gusti Gede Raka dan I Gusti Oka Bawa yang aktif beberapa tahun sebelum Jepang datang, 1942. Karya-karya mereka sempat dikoleksi oleh Margaret Mead dan Gregory Bateson, peneliti dari Princeton University, New Jersey, Amerika Serikat.

Dalam perkembangan terakhir ini, pelukis Batuan mengambil tema perkembangan di Bali dengan kegiatan pariwisata serta kejadian penting yang berkesan dalam di hati pelukisnya. Pelukis yang sering mengambil tema seperti ini adalah I Made Budi dan I Wayan Bendi. Kemudian diteruskan dengan sentuhan pribadi yang khas oleh I Ketut Sadia, I Wayan Diana. Nama-nama ini berjalan bersama generasi relatif baru

Arie Smit menandatangani litografi.

yang masih sering menyandang tema klasik, seperti Ida Bagus Panda, I Ketut Murtika, Ni Gusti Ayu Natih Arimini, dan lain-lain.

Sementara itu, bahan yang dipergunakan telah berkembang, yakni dengan akrilik di atas kertas atau di atas kanvas, serta dalam ukuran lukisan lebih besar. Teknik yang dipakai masih tetap tradisional. Dimulai dengan *ngorten* (sketsa awal dengan pensil), *nyawi* (menegaskan sketsa dengan tinta Cina), *ngabur* atau *ngucak* (membuat efek jauh-dekat, gelap-terang), *nguap* (memberi warna transparan secara merata), *menyunin* (membuat kesan berisi), *nyenter* (memberikan kesan pencahayaan dengan warna kuning dan putih), dan *ngewarna* (mewarnai).

"Pekerjaan yang berlapis-lapis ini bisa jadi yang menginspirasi teknik melukis saya, yang bertimpa-timpa, selalu menumpuk warna-warna dalam sapuan yang satu sama lain bergeseran," kisahnya.

Arie juga terpikat dengan mazhab Ubud. Pada awal abad ke-20 seni lukis Ubud tumbuh dengan gerak penciptaan yang mirip gaya seni lukis Kamasan yang klasikal, dengan tema-tema wayang. Para tokohnya kala itu adalah I Made Geria, Ida Bagus Kembeng, Tjokorda Oka Gambir, I Gusti Nyoman Lempad, dan sedikit yang lain.

Bentuk, tema, dan gaya seni lukis Ubud berubah ketika Walter Spies (pelukis Jerman, 1895-1942) mulai menetap di Bali tahun 1927. Disusul Rudolf Bonnet (pelukis Belanda, 1895-1978) pada 1929. Kedua seniman itu datang dan membangun studio di Ubud atas bantuan Tjokorda Gde Agung Sukawati, seorang bangsawan Ubud yang sangat mencintai dunia seni. Sementara jauh hari sebelumnya, pada 1906 pelukis Belanda Wijnand Otto Jan Nieuwenkamp (1874-1950) telah terlebih dahulu menjejak Bali dengan mendarat di Sanur.

Arie mendengar bahwa Bonnet dan Spies bergaul aktif dengan masyarakat di sekitarnya, khususnya dengan para pelukis setempat. Merekalah yang mendorong para pelukis tradisional Bali untuk mengambil tema-tema yang lebih luas. Mereka menjelaskan, apa yang dilihat dan dirasakan dalam kehidupan sehari-hari dapat dijadikan obyek lukisan. Dengan pembinaan ini lahirlah lukisan-lukisan yang bertema sekular: kehidupan sehari-hari di Bali. Tentu sambil tak meninggalkan tema-tema religi dan filosofis yang sudah ada.

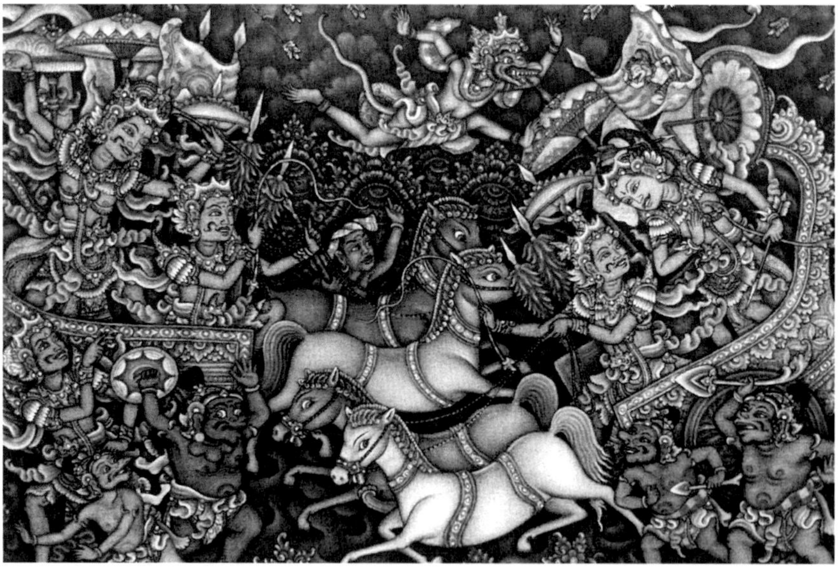

Lukisan tradisional Bali, dikagumi Arie.

Ajaran itu tertegaskan dalam perkumpulan Pita Maha, yang didirikan oleh mereka berdua, dengan dukungan Tjokorda Gde Agung Sukawati dan I Gusti Nyoman Lempad, tahun 1936. Pengaruh Spies dan Bonnet tampak pada pengolahan komposisi yang dinamis, penggarapan perspektif, serta pengayaan warna. Pada masa ini para pelukis mulai mempergunakan bahan-bahan yang didatangkan dari negeri Belanda, seperti tempera, cat air, dan lain-lain. Teknik yang dipakai pada prinsipnya tetap mengikuti langkah-langkah seni lukis tradisional. Sejak itu seni lukis di Ubud menemukan bentuknya, yang kita kenal sebagai seni lukis gaya Ubud.

Perkembangan seni lukis gaya Ubud terus menapak maju. Seniman pendukungnya bukan hanya dari Ubud saja tetapi berkembang di daerah sekitar Ubud. Tampillah beberapa tokoh seperti Anak Agung Gde Sobrat, Ida Bagus Made Poleng, I Gusti Ketut Kobot, I Dewa Putu Bedil, I Dewa Ketut Ding, Ida Bagus Made Nadera, Ida Bagus Rai, dan sebagainya. Sederet tokoh yang merangsang lahirnya tokoh baru seperti I Ketut Nama, I Wayan Djudjul, I Nyoman Meja, I Nyoman Lesug dengan para muridnya di Ubud.

Dari sejarah percaturan di berbagai daerah itu, Arie melihat bahwa garba seni rupa Bali memang terbuka sejak zaman dahulu. Dengan kata lain, seni gambar dan seni lukis Bali tidak menutup diri terhadap pengaruh dari mana saja, termasuk dari Barat. Pengaruh ini ditengarai sudah ada sebelum pemerintah kolonial Belanda berkehendak menguasai penuh pulau Bali awal abad ke-20. Terbukti dengan adanya *patra olanda* dalam perbendaharaan seni hias di Bali, atau pada *patra wangga*, campuran dari gaya ukiran Bali, Belanda, dan Tiongkok. Tapi pengaruh yang signifikan adalah muncul sejak sepertiga awal abad ke-20, ketika Walter Spies dan Rudolf Bonnet masuk ke Bali dan mulai "mengintervensi" seni Bali lewat Pita Maha.

Arie ingin memiliki peran seperti Spies dan Bonnet.

"Saya kan orang Indonesia yang jadi tamu di Bali. Tamu seharusnya menyenangkan dan menguntungkan tuan rumahnya," katanya.

Momentum untuk berperan menyenangkan dan menguntungkan tuan rumah itu diketemukan pada tahun 1960, ketika ia mendirikan perkumpulan Young Artist di Dusun Penestanan, Ubud. Sebuah perkumpulan yang melahirkan karya-karya amat khas, yang sebelumnya tidak pernah ada dalam konstelasi panjang seni lukis Bali.

"Tak rugi saya memahami wujud dan sejarah seni lukis Bali. Tak rugi saya berjalan ke mana-mana di semua sudut Bali," katanya. Ia bersyukur, ketekunannya dalam memahami kebudayaan, masyarakat, dan seni lukis Bali bisa menghasilkan gagasan untuk membuat perkumpulan seni lukis khas Bali. Mazhab seni lukis sangat menonjol dan modern, yang terus langgeng sampai sekarang, lebih dari 50 tahun kemudian.

Maka sosok Arie pun pada abad ke-20 disejajarkan dengan Walter Spies, Rudolf Bonnet, dan Antonio Blanco. Selain mampu mencipta lukisan-lukisan bermutu sebagai tanda dari reputasi pribadi, keempatnya diangkat sebagai tokoh yang memiliki peran besar dalam mendorong kemajuan berpikir jagat seni lukis di Pulau Bali.

Spies dan Bonnet diangkat sebagai penggerak perkembangan seni lukis Bali lewat perkumpulan legendaris, Pita Maha. Blanco disebut sebagai salah seorang seniman yang mampu menjadikan Ubud sebagai ikon pariwisata seni rupa, lewat peranan studio, galeri, dan museumnya. Sementara Arie Smit lewat upayanya melahirkan perkumpulan Young Artist.

Peran Arie Smit dalam seni lukis Bali memang jelas. Yang kini ditegaskan adalah peran dan kedudukannya dalam konstelasi seni lukis Indonesia modern keseluruhan. Apa yang ia perbuat, dan apa yang ia sumbangkan tampak. Bersamaan dengan pikiran-pikiran yang ada di belakang bidang lukisannya, yang kadang hadir dengan wujud rinci, penuh perhitungan. Tapi kadang muncul dalam bentuk yang amat polos, naif, dan kekanak-kanakan, juga kadang hadir dalam wujud yang muskil, menyimpan misteri, di balik warna-warnanya yang penuh rona, bertimpa-timpa, berfestival, bersukacita.

Arie Smit adalah lambang dari sikap kesenilukisan sejati. Ia mencipta menurut apa maunya. Ia melukis tanpa sedikit pun bisa disetir oleh pihak lain. Hingga, ketika karyanya tak diperhatikan orang, ia tak pernah peduli. Ketika lukisannya dikritik sebagai karya yang tertular ekspresi anak-anak Penestanan yang notabene para muridnya, ia justru terpana dan setuju adanya. "Kalau saya perhatikan, lukisan-lukisan saya ketika di Jawa memang berbeda gayanya," begitu Arie mengakui. Begitu pula ketika lukisan-lukisannya mulai mendapat sanjungan bertubi-tubi, ia tetap dalam diam. Arie seolah tidak terusik atas segala yang datang dalam hidupnya.

"Tetapi telinga saya mendengarkan suara mereka. Dan hati saya menghargai mereka setinggi-tingginya," ujar Arie, sambil duduk tercenung-cenung di bangku rotan. Di hadapannya, sebuah *tape recorder* menyuarakan musik Sebastian Bach, Mozart, Jean Michele Jarre, Pink Floyd, Iwan Fals, sampai gubahan-gubahan Koes Plus.

Dengan ribuan karya yang dicipta di Bali sejak 1956, Arie Smit kini duduk sebagai salah seorang pelukis terpenting di Indonesia. Lukisannya yang fenomenal menstimulasi banyak orang untuk mempersoalkannya.

"Ketika saya ingin ke Bali, satu-satunya pikiran yang ada dalam kepala adalah mencari perubahan. Saya selalu terkenang perubahan Eugene Delacroix ketika diajak melancong dan mendokumentasi alam subtropik Maroko dengan gurun pasir, pohon kurma dan onta-ontanya. Saya juga terkesan pelancongan Vincent van Gogh ke Belgia dan Prancis Selatan. David Hockney dari pikiran sempit London ke hidup bebas California. Atau, Paul Gauguin dari satu negeri yang sangat ia ketahui menuju ke Tahiti yang tak ia kenali. Ohooo, hanya perubahan yang saya cari."

Ketika ia bangun kembali dari tidurnya pada 1990-an, perubahan yang dicari agaknya ia dapati. Tetapi ia mengatakan, bahwa ketika ia banyak mengasingkan diri dari keramaian selama seperempat abad, perubahan juga banyak ia dapatkan. Dan itu adalah kearifan, yang ia pelajari dalam-dalam dari alam, dengan sang matahari sebagai mahaguru, dengan panduan cahaya ajaib yang datang setiap waktu.

***

Lukisan Ketut Tagen, tokoh Young Artist.

II

Bergulir dari Negeri Kincir

Lahir Setelah Banjir

PADA 13 April 1916 wilayah Katwande, Provinsi Belanda Utara, mengalami banjir besar. Badai menggempur, hujan lebat mengguyur lama, menyebabkan dam di kawasan Waterlandse Zeedijk jebol. Air pun mengalir deras dan menggenangi banyak wilayah tanpa ampun. Termasuk Zaandam, kota yang sehari-harinya sibuk mengolah industri.

Syahdan kejadian mengejutkan ini membuat bingung Hendrik Johannes Smit. Ia memang tak pernah berpikir bahwa kota kelahirannya, yang selama berpuluh tahun nyaman dan jauh dari bencana, tiba-tiba disergap banjir. Kebingungan itu bertambah ketika ia menyadari bahwa istrinya, Elizabeth Ahling, sedang hamil tua. Wanita asal kota Zaandijk ini bersiap melahirkan anak ketiga.

Keluarga Hendrik Johannes Smit, 1932. Arie berdiri di tengah.

Banjir tak kunjung surut. Hendrik dan Elizabeth mengungsi ke tempat yang lebih aman. Pada 15 April, di tengah genangan air yang masih tampak bagai lautan, Elizabeth melahirkan. Bayi laki-laki yang menjerit keras di tengah cuaca dingin itu lantas dinamai Adrianus Wilhelmus Smit. Meski dalam suasana alam menegangkan, dan dalam situasi medis darurat, si bayi lahir dengan aman. Dalam keluarga, Adrianus dipanggil singkat jadi: Adrie. Sampai kurun berikutnya anak lelaki ini menuliskan namanya sendiri dengan: Arie Smit. Sebagai anak ketiga, ia memiliki dua kakak perempuan: Catrien Smit (1912-1996) dan Truus Smit (1914-1960).

Seusai kebanjiran, keluarga Hendrik menjadi kurang nyaman tinggal di Zaandam. Pada 1918 mereka pindah ke Zaandijk menempati rumah pilihan, yang disebut sebagai *zonnehuis* atau rumah matahari. Sebuah bangunan bergaya Zaan, yang dikenal memiliki banyak ventilasi cahaya, dan sanggup menyimpan kehangatan di banyak cuaca. Rumah tradisional bergaya abad ke-17 ini semula dipakai oleh pemiliknya sebagai resto kopi. Karena itu bangunan tersebut termasuk amat dikenal

Kota Zandaam.

di wilayahnya. Kepopuleran ini menyebabkan harga jualnya tidak murah: 4.500 gulden. Hendrik yang kaya tentulah sanggup membayar.

Keluarga Smit berbahagia di Zaandijk. Bahkan selama berdiam di sini Arie mendapat lima adik, yang terdiri atas satu perempuan dan empat laki-laki. Mereka adalah Wim Smit (1917-2008), Liesbeth Smit (1920-1974), Henk Smit (1923-2003), Bert Smit (1926-1998), dan Riet Smit (1930-2014). Bersama para kakak dan segenap adik, Arie bermain dan bersekolah dengan segala kelengkapannya.

Secara turun-temurun keluarga Smit atau sanak saudara Hendrik sangat lekat dengan dunia bisnis, yang berkait dengan usaha pengangkutan. Dinasti keluarga Smit memang memiliki bisnis warisan yang berlabel Smit Expeditie dan dikelola oleh Gebroeders Smit atau Smit Bros. Perusahaan pengangkutan ternama ini didirikan oleh Hendrik Cornelisz Smit pada 1796. Sejak pertama kali didirikan, Smit Expeditie mengoperasikan kapal angkut barang (*cargo boat*) dan kendaraan angkutan darat seperti truk. Trayeknya strategis dan basah, seperti Zaandam–Amsterdam dan Zaandam–Alkmaar.

Dalam setiap kurun waktu, perusahaan yang berlabel "Smit Expeditie-Ao.1797" ini memetik sukses. Dinasti Smit pun menjalani hidup dalam kekayaan. Dengan begitu, Arie Smit muda mengalami kecukupan dalam sandang, pangan, papan, pendidikan, dan hiburan.

Pada tahun 1930-an perusahaan ini memasuki momentum perkembangan pesat. Itu sebabnya Hendrik dan saudara-saudaranya ingin mengembangkannya di Rotterdam seraya menjalin kerja sama dengan W. Berssenbrugge-Warnken. Pada 1933 tekad itu bulat. Dampaknya, keluarga Hendrik pindah ke Rotterdam, yang dikenal sebagai kota bisnis terbesar di Belanda. Rumah mereka beralamat di Proverniers straat 63.

Di kota ini Arie tak kehilangan kegembiraannya. Bakatnya dalam melukis terus dikembangkan. Bermula dari mencoret-coret di kertas apa saja, ia akhirnya berekspresi di atas kertas gambar spesial. Bahkan sampai akhirnya melukis di atas kanvas. Buku-buku yang bergambar bagus selalu ia simpan, seperti karya Paul D' Ivoi yang ilustrasinya sangat ia kagumi, *Doctor Mystero*. Kegemaran ini tentu saja menjadi hal aneh dalam keluarga Smit, yang hampir semuanya bergelut di bidang usaha dan bisnis. Walaupun begitu, keluarganya tahu benar bahwa seni lukis dan pelukis di Belanda adalah profesi yang sangat bermartabat, dan tak kalah luhur dibanding dokter, ekonom, atau insinyur.

Mereka tahu legenda Rembrandt van Rijn yang sangat dikagumi oleh para bangsawan, walaupun kehidupannya sengsara dan sering dirundung penderitaan. Mereka memahami kegemilangan karya-karya Vincent van Gogh, walaupun sisi kehidupannya ditaburi kesengsaraan yang mengiris, dan digerus kemiskinan menyedihkan. Namun mereka sekaligus tahu sisi flamboyan Anthony van Dyck, seorang pelukis yang mengagumkan. Arie sering mendapat cerita ihwal kebesaran Anthony ini dari ayahnya.

Anthony mulai mengasah bakat menggambarnya dengan belajar kepada Hendrik van Balen pada usia 11 tahun. Arie juga mulai menggambar pada usia 11 tahun. Pada usia 16 Anthony sudah memiliki studio pribadi. Lalu saat usia 19 ia sudah diakui oleh para pengamat seni rupa sebagai pelukis paling berpengharapan di Antwerpen, kota kelahirannya. Bahkan pada usia 21, Anthony ditunjuk sebagai asisten kepala untuk membantu Peter Paul Rubens kala mendekorasi dan

Zandaam dalam sketsa Arie

Smit Expeditie

membuat mural gereja St. Charles Borromeo. Seusai tugas besar itu, ia mengembara ke Eropa dan singgah di Roma, untuk kemudian tinggal di situ selama 6 tahun. Anthony lantas dikenal sebagai pelukis foto tanpa tandingan. Dari warga Roma ia mendapat julukan "Pelukis Kesatria", lantaran keberaniannya dalam memperjuangkan kesetaraan pelukis dengan patronnya, pemesannya, dan orang-orang yang membayarnya.

"Jadilah kamu seperti Anthony van Dyck. Gagah dan bermartabat. Jangan kalah dengan orang-orang yang membeli kemampuanmu," kata Hendrikus. Segenap kakak dan adiknya juga mendorong pilihan ini.

Persentuhan Arie dengan seni lukis semakin serius. Maka ia pun mendaftarkan diri sebagai mahasiswa di Akademi Seni Rupa Rotterdam. Beberapa tahun ia aktif di akademi itu, sampai akhirnya pemerintah Belanda memberikan sesuatu yang mengagetkannya. Arie didaftarkan sebagai anggota milisi, akan direkrut jadi tentara, dan dipersiapkan untuk menjalani misi militer ke Hindia Belanda.

Berita ini sangat tidak menyenangkan di satu sisi, namun memberi harapan di sisi lain. Bertugas sebagai tentara sama sekali bukan keinginannya. Ia tidak menyukai senjata. Ia benci kekerasan dan tak pernah ingin melihat darah. Padahal tugas tentara, apalagi dalam situasi pasca-Perang Dunia I, sangat dekat dengan semua itu. Tetapi ia bergembira ketika program ketentaraan itu akan membawa dirinya ke Hindia Belanda. Dari berbagai referensi ia tahu bahwa Hindia Belanda adalah negeri permata di khatulistiwa. Dalam pikirannya terbayang, betapa banyak warna yang akan ia dapat di negeri yang juga disebut Nusantara itu. Betapa banyak tetumbuhan yang bisa ia rekam di kertas atau kanvasnya.

Menuju ke Hindia Belanda

Pada 8 Juni 1938 Arie berangkat menuju Hindia Belanda dengan kapal laut Baloeran. Perjalanan memakai Mail en Passagiersdienst Rotterdamsche Lloyd itu menempuh waktu tak kurang dari satu bulan, dari Rotterdam, lalu Southampton, Lisbon, Marseille, Port Said, Aden,

Kolombo, Sabang, Belawan, sebelum akhirnya sampai di Tanjung Priok, Batavia.

Perjalanan yang melelahkan apabila Arie tidak menyiasati dengan aktivitas membuat sketsa sepanjang perjalanan. Akhirnya perjalanan yang diimbuh hempasan laut itu jadi cukup menyenangkan. Apalagi setiap kali singgah di sebuah pelabuhan, penumpangnya mendapat kesempatan untuk mengadakan ekskursi, atau berwisata. Para tentara itu turun dari kapal dan diantar menuju kota. Menjelang malam mereka dikumpulkan untuk makan bersama sambil mencicipi makanan dan minuman khas setempat. Bahkan segenap penumpang dan awak kapal dihibur dengan pertunjukan dan tarian. Arie nyaris mabuk setelah kebanyakan menenggak anggur di Lisbon. Di Colombo para penumpang hanya berpesta di pelabuhan, dengan disambut makanan yang berlimpah. Di negeri ini Arie mulai merasakan kehangatan angin negeri Selatan. Tengah malam mereka kembali ke kapal dan tidur. Esok harinya perjalanan ke Hindia Belanda dilanjutkan.

Kapal Baloeran sudah berlabuh di Tanjung Priok, Batavia. Berarti kaki Arie telah menginjak tanah Hindia Belanda. Perasaan Arie campur aduk. Ia bersama ratusan serdadu lain ditampung di sebuah asrama di Batavia. Sampai dua minggu kemudian dipilah-pilah. Arie beserta belasan temannya dikirim ke Bandung. Sepanjang perjalanan ia tampak selalu memanggul senjata. Namun komandannya berkali-kali berbisik, bahwa tugas Arie di Hindia Belanda bukan untuk membunuh lawan. Sebagai pemuda yang berbakat melukis, Arie akan ditempatkan pada divisi seni, yang tugasnya membuat dokumen visual di belakang medan pertempuran.

Apa yang dibisikkan komandan itu hadir sebagai kenyataan ketika ia mulai bertugas di Bandung. Hatinya berbahagia. Karena itu, dari kota yang sejuk ini ia sempat beberapa kali menulis surat untuk ayah, ibu, dan sanak saudaranya, yang ia sebut sebagai "Liebe Familie", Keluarga Penuh Cinta. Kepada kakaknya, Catrien, lewat surat bertanggal 31 Juli 1938 ia menceritakan perjalanan lautnya yang penuh pesona juga kepandaian pemerintah Belanda untuk menyelimurkan perasaan para tentara. Dengan begitu, seolah tujuan ke Hindia Belanda bukan untuk menjalankan misi "hidup dan mati". Kepada Wim, adiknya, ia

Kapal laut Baloeran.

N.V. ROTTERDAMSCHE LLOYD
ROTTERDAM

BEWIJS VAN TOEGANG
VOOR ÉÉN PERSOON

TOT HET MOTORSCHIP / STOOMSCHIP BALOERAN

OP 8 JUNI 1938

4

Dit bewijs is, mits voorzien van de controle-strook, uitsluitend geldig voor den datum en het schip hierop vermeld. Indien afgegeven voor een passagiersschip, geeft de kaart uitsluitend toegang tusschen 15 en 16.30 uur.
Op het eerste sein van vertrek, of zoodra daartoe aangezocht, is de houder verplicht zich ten spoedigste van boord te begeven.
Indien afgegeven voor een passagiersschip geeft dit bewijs geen toegang tot andere klassen dan waarvoor het is afgegeven.

Tiket Arie untuk ke Hindia Belanda.

mengabarkan hal-hal yang selalu menyenangkan. Tidur lelap tanpa sempat mimpi, udara yang sejuk hangat, dan makanan yang enak. Bahkan struk bon makanan nikmat yang ia beli.

Pada suatu hari ia mengirimkan struk bon makanan yang ia beli di restoran Nan Hian, di Kebondjatiweg, Bandoeng. Di dalam bon itu tertulis yang dibeli Arie: *Nasi goreng speciaal = 50. Aer ijs = 0,25. Dua stuk pisang = 0,50.* Dengan begitu *djoemblah*-nya = 50,75 gulden. Bon "*lekker*" dan "*contant*" itu bertanggal 8 Oktober 1938. Arie menempati meja nomor 24.

Tapi Arie tak lama ditempatkan di Bandung karena ia dan sejumlah temannya ditugaskan ke Batavia. Pada tanggal 15 Desember 1938 ia secara resmi ditempatkan sebagai pegawai di Topografische Dienst atau Jawatan Topografi. Hati Arie bersorak. *Horrray!* Sejak di Belanda Arie sudah tahu adanya jawatan yang mempekerjakan orang-orang yang pintar menggambar dokumen etnik serta peta sebuah pulau atau daerah. Kini ia ditempatkan di situ. Arie berpikir, dalam jawatan itulah bakat melukisnya akan segera tersalurkan. Di jawatan ini hidup kesehariannya juga sangat terperhatikan. Ia diakomodasi di Subsistentenkader Hospitaalweg, di Jalan Gunung Sahari. Pergaulannya ramai dan dia jadi kerasan bertugas di perantauan.

Di kantor itu, ia mendapat pendidikan yang baik dalam bidang litografi, fotografi, sekaligus foto litografi. Yang terakhir ini, pada waktu itu, memang merupakan suatu pekerjaan yang amat baru. Dari pendidikan tersebut, Arie pun disiapkan untuk menjadi pekerja *layout* atau tata letak produk grafis. Sekalipun begitu, ia pun mengerjakan bermacam-macam pekerjaan sipil untuk pemerintah. Misalnya membuat poster Express Surabaya untuk SS (Staats Spoorwegen), sebuah jawatan kereta api.

Selama bekerja di Jawatan Topografi ia menempati satu sudut yang nyaman, berhubungan dengan dua ruangan besar berdinding, dengan jendela yang selalu dibuka selama jam kerja. Ruang yang terang, penuh dengan meja gambar besar, lemari, dan tiga meja untuk Kepala Bagian. Ada 40 ahli gambar di situ. Semuanya orang Indonesia. Banyak spesialis pula di sana. Seperti Sarbini, spesialis semprot tinta litografis pada zinkplaat untuk menciptakan biru laut di peta menggunakan alat semprot listrik. Ishak, spesialis pena tinta untuk meniru huruf cetak. Mohamad Saleh, spesialis menempel nama sungai, desa, kota di peta sehingga semua terlihat jelas dan teratur.

Selain bekerja seni rupa, Arie diminta untuk menjadi pengurus perpustakaan, sebuah pekerjaan yang sangat ia gemari. Di satu kamar besar ada ribuan buku dan majalah. Tiap minggu disusun dalam beberapa map untuk dipelajari Kepala Dinas. Arie juga punya tiga pimpinan. Yang satu militer, yang dua petugas sipil yang selalu berbaju lengan panjang dan berdasi. Semua orang Belanda. Namun di situ ada satu lagi yang juga dianggap "bos", yaitu Achmad Nazir, seorang mandor dengan gaji 150 gulden per bulan. Bilangan gaji yang dianggap amat tinggi untuk bumiputra. Tapi "bos" ini memang diminta menunaikan tugas amat vital bagi pemerintah Hindia Belanda: mengawasi dan menjewer pekerja yang ngantuk, *leyeh-leyeh*, tidak produktif, dan melakukan kesalahan. Ia seperti demang di perkebunan.

Selama bekerja di Jawatan Topografi Arie punya cukup waktu untuk melihat-lihat sekujur Batavia, bahkan sampai Karawang, Bekasi, Buitenzorg (Bogor), untuk melihat-lihat pemandangan dan lingkungan. Biasanya hal itu ia lakukan pada Sabtu petang sampai sepanjang hari Minggu. Dalam kesempatan itu ia tak lupa melihat kegiatan seni rupa di gedung Bataviacshe Kunstkring, yang terletak di Heutszboulevard nomor 1 (kini Jalan Teuku Umar), Batavia. Ia menyesal karena tidak sempat menyaksikan pameran koleksi Pierre Alexandre Regnault, pengusaha terkenal tahun 1930-an, pemilik Regnault's Paint-Ink-en Blikfabrieken NV. Kala itu lukisan van Gogh, Paul Gauguin, dan lain-lain ikut dipamerkan di situ. Tapi ia gembira bisa mengamati dengan cermat karya-karya pelukis perempuan Belanda, yang digelar pada 1941, berjuluk *Het Vrouwelijk Palet*. Pelukisnya adalah Froke Hens, Frida Holleman, Carla Kemper, Nanny van Lennep, Elizabeth Rietveld, Lillia deVeer-Tielfenbach, dan Emy de Wries Foltynski.

Ia mengaku suka melihat perempuan jelita, apalagi yang cantik-cantik, itu giat bekerja. Apalagi pekerjaannya menyangkut seni, seperti seni lukis. Itu sebabnya ia sempatkan dirinya hadir pada hari pertama pameran, 19 Maret, lalu datang lagi pada penutupan pameran, 20 April. Biasanya pada hari pembukaan dan penutupan, para pelukisnya hadir dalam ruangan. Pada waktu itu Arie ingin membeli lukisan Frida

Holleman yang berjudul *Balische vrouwen met warong*, yang dihargai 150 gulden, atau *Balineesch kind* seharga 110 gulden. Namun keinginan itu langsung ia batalkan karena harga-harga itu lebih tinggi dari gajinya selama sebulan! Ia juga menyaksikan pameran tunggal karya Ries Mulder pada bulan Agustus 1941. Ia kagum kepada karya pelukis yang berdiam di Bandung itu.

Arie tentulah dekat dengan komunitas Bataviasche Kunstkring, yang diurus oleh Jan Frank, yang di dalamnya melibatkan pelukis terkenal Henry van Velthuysen dan Pieter Ouborg. Arie pun cukup terkenal di kalangan itu karena pada September 1939 ia memenangkan kontes membuat *vignette* (gambar bebas pengisi ruang kosong produk cetak) yang diselenggarakan Bataviasche Kunstkring. *Vignette*-nya yang berjudul *L'art pour l'art* berhasil merenggut hadiah 10 gulden sebagai pemenang kedua. Semua pemenang adalah seniman Belanda, kecuali satu: G.A. Soekirno, pemenang kedua lewat karya berjudul *Dromelot*. Kemenangan Soekirno sempat membuat keguncangan kecil. *Lho*, bumiputra kok boleh jadi juara? Kompetisi yang memperebutkan hadiah total 100 gulden tersebut dinilai oleh tiga pengamat seni terkenal kala itu: J.F.L. Blankenberg, P.H. Sitsen, dan J. Walthers.

Arie senang bekerja di Batavia. Selepas dari tugas, ia selalu menyempatkan diri berjalan-jalan di pelosok Batavia. Meski memiliki banyak teman, acara *blusukan* ini lebih sering ia lakukan sendiri dengan berjalan kaki. Kegiatan ini membuatnya hapal peta jalan kota dan kampung, dari Glodok, Paasser Baroe, Amsterdamsche Poort, Kebon Katjang, Kramat Sawah, Pekapoeran, Goenoengsari, Oetankajoe, dan sebagainya.

Ia tak pernah merasa puas berkeliling Batavia, sampai akhirnya ia diperintahkan untuk pindah ke Bandung lagi pada Januari 1942. Di kota ini ia masih ditugaskan menekuni topografi, walaupun juga diberi tugas-tugas visual lain. Dari Batavia ia mendapat kabar bahwa karena kehebohan perang, keluarganya telah pindah rumah ke Raadhuisstraat 19 di Desa Koog aan de Zaan. Dalam situasi *chaos* seperti itu ayahnya mencoba usaha lain dengan membuka Rotterdamsche Electrische Confectiefabriek JK Bout.

Arie Smit, 1938.

Arie (dalam lingkaran) di tengah pasukan.

Arie (depan) kala bekerja di Jawatan Topografi, Batavia.

Topografi atau gambar-gambar peta yang dibikin Arie berfungsi untuk informasi visual dan faktual berkait dengan pengembangan tanah koloni. Mana yang harus dibiarkan tetap hutan, mana yang bisa dijadikan perkebunan, atau mana yang bisa untuk permukiman.

Baru beberapa hari di Bandung, tiba-tiba ada kabar dari Batavia. Alkisah Kepala Bagian yang berstatus militer melihat selembar peta tentang sehampar area di Malang yang digambar Arie. Disebutkan bahwa daerah itu cocok untuk dibuat bangunan penjara. Ya, penjara untuk menghukum para pemberontak bumiputra yang melanggar aturan. Arie terperanjat. Ia terkejut bukan main ketika dirinya, yang sangat tahu situasi wilayah itu, diminta untuk ikut membangun penjara itu. "Ooo. *Het einde der tijden!* Ini seperti kiamat!" kata Arie tertegun.

Arie boleh terkejut, namun sebagai prajurit KNIL ia harus patuh. Lalu bersama beberapa kompi Infanteri VIII ia diberangkatkan dengan kereta api ke Porong. Dari situ dengan truk ia dibawa ke kota Malang. Dia pun bersama puluhan prajurit lain membangun penjara yang didasarkan pada rancangan topografinya.

Jepang Masuk Indonesia, Arie Masuk Penjara

Perang Dunia II dimulai tahun 1939. Perang yang menggerakkan 70 juta tentara di puluhan negara ini diawali ketika Jerman pimpinan Hitler tiba-tiba menyerang Polandia pada 1 September. Sementara di kawasan Pasifik, Jepang juga merajalela. Jepang dengan restu Kaisar Hirohito, yang disebut sebagai keturunan langsung Amaterasu Omikami (Dewa Matahari), berambisi jadi penguasa Asia Timur Raya. Segala perintah Kaisar Hirohito dituruti.

Untuk membagi kekuasaan, Jepang bersama Italia dan Jerman membentuk Pakta Axis, atau Pakta Poros, sehingga muncul "Poros Berlin-Roma-Tokyo". Dalam Pakta Poros ini tersurat bahwa Jerman dan Italia berhak atas negara-negara Eropa Timur, Barat, dan Utara. Jepang berhak atas negara-negara Selatan yang notabene berada di Benua Asia. Bahkan termasuk yang di kawasan Pasifik. Perang gila-gilaan pun berlangsung. Pada tahun ketiga Perang Dunia II, Belanda sudah lemah karena diobrak-abrik Jerman. Kelemahan Belanda ini berefek sampai ke negeri-negeri koloninya, termasuk Hindia Belanda. Jepang mempelajari ini. Hindia Belanda segera dijadikan target kekuasaannya.

Maka pada awal Maret 1942 Jepang menguasai Indonesia. Dalam waktu singkat tentara Jepang sudah masuk ke pelosok berbagai daerah. Batavia sebagai permulaan, kemudian Bandung, Semarang, sampai Probolinggo di Jawa Timur. Pasukan Jepang yang didaratkan di pantai Probolinggo menjalar cepat sampai ke Surabaya. Dari Surabaya mereka menggeruduk Malang. Di Malang pasukan Jepang melihat sekelompok tentara Belanda, tentu termasuk Arie, yang beberapa hari sebelumnya masih sibuk membersihkan penjara yang baru saja selesai mereka bangun.

Pada 8 Maret Arie dan segenap kawan-kawannya ditangkap, kemudian dijebloskan ke dalam penjara yang dibangunnya sendiri. Tragis dan ironis. Kota Malang menyebabkan nasibnya menjadi malang. Meskipun Arie menganggap kejadian itu hanyalah romantisme yang biasa saja pada masa perang, gertakan dan kerja paksa mulai ia rasakan sejak penangkapan itu. Kekerasan yang diterima menjadikan dia tersadar, betapa ternyata dirinya yang selama ini berjaya, bisa menjadi pecundang. Namun ketabahan Arie membuatnya tetap menganggap itulah kenyataan absurd dari sebuah perang, sebagaimana sering ia baca dari novel-novel ketika ia masih berada di Belanda. Bahkan Arie tak merasa menyesal ketika ia diam-diam harus berulang tahun di dalam bui, pada 15 April. Tak ada lilin, tak ada ucapan selamat, tak ada tepuk tangan, apalagi kecupan sun di pipi.

Arie memang membayangkan, betapa ibunya di Belanda mengingatkan kepada seisi rumah dengan kata-kata: "*Nu hij is zes en twintig jaar* (Sekarang ia dua puluh enam tahun)," dengan kata-kata yang lirih. Lalu di kepala mereka tergambar Arie sedang bergembira dengan teman-temannya, sambil makan nasi goreng, mengupas apel atau mangga, dan meminum es lemon atau seteguk anggur.

Padahal sejak itu Arie tak lagi ada kesempatan menulis surat dan memberi kabar ke Belanda mengenai dirinya. Sejak itu Arie tersekap lahir batin dalam bui yang senyata-nyatanya. Berbulan-bulan Arie berada dalam kungkungan tentara Jepang. Kerja keras sejak subuh sampai senja hari menumbuk batu, mengambil kayu untuk membangun jalan. Badan Arie dan kawan-kawannya mulai menyusut. Pada awal Januari 1943 Arie dan para Belanda yang lain digiring menuju stasiun kereta api, kemudian diberangkatkan ke Batavia, yang kala itu mulai disebut-sebut sebagai Jakarta. (Hindia Belanda pun sudah disebut Indonesia). Sesampai di Jakarta, Arie dimasukkan dalam kamp tawanan yang sudah penuh dengan pesakitan.

Selama beberapa hari di Jakarta, Arie dan kawan-kawannya tidak diminta untuk mengerjakan apa-apa. Namun hari-hari menganggur ini justru membuatnya semakin frustrasi. Penjaranya sangat tak memadai. Makanan yang diberikan jauh dari memenuhi syarat. Hidup pun bagai tak mampu berkutik. Sejumlah teman Arie muntah-muntah dan sakit perut. Kontras kehidupan, dari nikmat pindah ke laknat, membuat mereka nyaris tak kuat.

Pada suatu siang datanglah seorang tentara berpangkat, yang diduga sebagai seorang komandan. Tentara itu memerintahkan asistennya untuk menyuruh Arie dan ratusan tawanan lain menuju ke sebuah lapangan. Para tawanan itu diminta berbaris rapi. Arie, dengan pakaian yang lusuh, berwajah tirus, tampak tegap berdiri dengan wajah meyakinkan. Tentara itu lalu meminta asistennya untuk membacakan nama-nama. Yang ini sebelah sini, yang itu sebelah situ. Agaknya tentara Jepang itu sedang bekerja memilah-milah tawanan, yang pasti ada hubungannya dengan tugas dan pekerjaan.

Nyatanya benar. Sekelompok tawanan dibiarkan tetap di Jakarta. Kelompok lain ditempatkan ke pinggir-pinggir Jakarta. Adapun Arie bersama serdadu-serdadu lain yang kelihatan sehat dan kuat, dikapalkan ke seberang lautan!

Pada 15 Januari kapal Harugiku Maru 2—yang sebelum dirampas Jepang bernama KPM (Koninklijke Paketvaart Maaschappij) Van Waerwijk—membawa Arie dan ratusan tawanan lain untuk dibawa ke Singapura. Sesampai di Singapura pada 18 Januari, sebagian dari mereka langsung dinaikkan truk dari Changi menuju ke Utara. Arie dan kelompoknya bagian yang dibawa ke Siam. Sesampai di Siam kelompoknya dinaikkan ke kereta api jurusan Ban Pong. Sampai kemudian dioper lagi ke atas truk berlabel Kanchanaburi menuju kamp tawanan Chungkai, Burma. Sebuah kamp yang disebut-sebut paling mengerikan, jika dibanding kamp di Wan Po, Nhom Pradai, Nakhon Pathon, Non Pladuk yang juga didirikan tentara Jepang. Arie dan kawan-kawannya yang tergabung dalam kelompok "Pesta Jawa 9" menginjak neraka Chungkai pada 5 Februari. Pada momentum itu Arie seperti sudah sepertiga mati.

Sementara sekelompok tawanan lain "disimpan dulu", untuk kemudian dibablaskan ke Jepang sebagai tenaga kerja paksa. Di geladak kapal Arie melihat: sebagian besar yang ditawan adalah anggota dari batalion tempat Arie bergabung. Walaupun di situ ada pula tawanan dari Inggris, Amerika Serikat, dan Australia, yang bisa diduga sebagai ekspatriat sial bernasib buntung.

Kerja rodi dimulai lagi. Dari kamp Chungkai itu setiap hari Arie dan kawan-kawannya digiring ke sebuah areal luas untuk membangun rel kereta api yang menghubungkan Thanbyuzayat di Burma ke Non Pladuk di Siam. Rel panjang ini harus menyeberangi tebing sungai yang luas dan dalam. Naas benar, Arie kebagian membangun jembatan ini. Sebuah kerja amat berat yang sudah menewaskan banyak tenaga kerja. Lantas

Kapal Harugiku Maru-2 membawa Arie ke Burma.

jembatan kereta api dijuluki sebagai "*death railroad*" alias jembatan rel maut. Jembatan itu mulai dibangun pada Agustus 1942, dan ditargetkan selesai pada Oktober 1943.

Pentungan, buluh bambu, dan bedil tentara Jepang setiap menit dalam setiap hari datang mengancam. Semua itu menemani penderitaan lain yang dari waktu ke waktu menerjang para tawanan. Penyakit malaria, disentri, dan beri-beri adalah bagian yang paling lekat dan sudah bikin tawanan mati. Tapi Jepang tidak peduli. Mati tawanan satu, dikirim yang baru sepuluh. Yang penting, rel dan jembatan selesai dibangun. Namun sejarah menulis, rel dan jembatan Sungai Kwai itu tak kunjung selesai sampai memasuki 1944. Kemarahan Arie dan kawan-kawannya seperti sengaja memperlambat pembangunan. Padahal pukulan kayu datang seperti sarapan, dan dianggap sebagai *ontspanning* (hiburan) bagi tentara Jepang. Para pengawas kamp memang ada yang begitu kejam sampai dijuluki *killer* atau *bulldog*. Namun ada pula yang sempat dipanggil "Opa Nippon", lantaran kesabaran dan kebaikan hatinya.

Proyek rel dan jembatan itu dianggap selesai oleh Jepang pada medio 1944. Sejak itu para tentara dan pengurus administrasi Jepang lebih memperhatikan nasib para pekerja rodi atau romusa, yang meliputi segala bangsa. Tentu minus bangsa Jepang. Satu per satu mereka didata kembali. Yang mati dicatat dalam kolom lebar kematian. Yang masih bernapas diberi "kartu hidup" berupa selembar kertas bercetak lajur-lajur data dalam bahasa Jepang dan Inggris. "Kartu hidup" Arie bernomor 47780. Kamp tahanannya yang baru bernomor 30707.

Dunia pun mengingat. Pada 1957 kisah seram kerja rodi ini digubah dalam film oleh David Lean dalam judul *Bridge on the River Kwai*, dibintangi William Holden dan David Niven. Ini adalah sebuah film hebat yang memenangkan beberapa Piala Oscar. Dalam film itu tampak banyak sekali sosok pekerja paksa yang teguh dan tabah seperti Arie dalam keadaan kurus kering. Namun tak sedikit yang ambruk tak berdaya lantaran hancur fisik dan mentalnya.

Selama Jepang mengoyak Indonesia, dan selama Jepang menguasai negeri-negeri Selatan, Arie tak sempat berkabar ke mana-mana. Termasuk tentu ke ayah dan ibunya, dan kepada kakak serta adik-adiknya. Tak ada waktu sedikit pun untuk menulis surat. Jangankan waktu, kertas, potlot, dan pena pun tidak pernah ia pegang. Karena setiap hari hanya menggenggam palu untuk menggempur batu, serta alat-alat pembangunan seperti catut besar dan engkol.

Jembatan Kwai yang dibangun Arie, sedang diuji kekuatannya.

Arie selalu membayangkan bagaimana kegelisahan keluarganya di Belanda. Bagaimana pedih hati ibunya, ketika tahu bahwa Jepang telah membawa orang-orang Belanda untuk menjadi romusa. Bagaimana marah kakak-kakak dan segenap adiknya kepada Jepang. Lebih dari 1.000 hari Arie raib dari kelindan kabar. Sementara itu berbagai berita perang menyebut bahwa ribuan orang mati di Indonesia, Siam, Burma, Thailand karena kekejaman Jepang. Juga peristiwa pembantaian Jepang terhadap rakyat Tiongkok di Nanking, ibu kota Provinsi Kiangsu. Di situ tentara Jepang dengan senapan mesin memberondong ribuan gerilyawan Tiongkok yang datang melawan. Mayat-mayatnya tertumpuk bagai bukit. Hati Arie teriris. Keluarganya tak henti bersedih sambil berdoa.

Bom atom Amerika Serikat dijatuhkan di Hiroshima dan Nagasaki pada 3 dan 5 Agustus 1945. Jepang kalah, dan menyatakan mundur dari kancah perang di semua negara. Dengan begitu, Arie dan ratusan kawannya terbebas dari kerja paksa. Ia pun dipindahkan dari kamp Chungkai ke Rangoon. Namun, meski telah bebas dari penistaan Jepang, nasib Arie dan kawan-kawan belum juga berketentuan. Pemerintah Belanda yang sedang kalut pasca-Perang Dunia II tidak pula sempat mengurusi. Arie ingin agar segera ada kapal yang memulangkannya ke Belanda. Begitu juga harapan segenap kawannya. *Kami rindu rumah. Kami ingin pulang*. Begitu semuanya berkata. Tapi sampai berminggu-minggu kemudian pemerintah Belanda tetap saja tak memperhatikan. Bahkan untuk menulis kabar pun Arie baru terfasilitasi pada 40 hari setelah Jepang takluk.

Pada 20 September 1945 Arie mengirim telegram kepada keluarga dari Rangoon. Isinya singkat, namun membuat geger seisi rumah di Raadhuisstraat 19. "Ini Arie dalam keadaan sehat. Sekarang masih ada di Rangoon". Ayahnya tercenung di kursi sambil tangannya membuat doa tanda salib. Ibunya tersengguk mengucapkan terima kasih kepada Bunda Maria. Segenap kakak dan adiknya segera janji bertemu, untuk kemudian berpelukan erat sekali. *Huraaaaaaa*! Mereka lalu mengambil anggur, saling tos, sambil minum barang seteguk. Lagu *Amazing Graze* yang syairnya dicipta John Newton pada 1779 memenuhi ruangan.

Di situ, Arie mendengar dan membaca koran bahwa Indonesia telah menyatakan kemerdekaannya pada 17 Agustus 1945. Sukarno dan Mohammad Hatta memproklamirkan itu di halaman Pegangsaan Timur 56, Jakarta. Bendera Merah Putih tampak dikibarkan di semua pelosok Indonesia. Dalam logika Arie, selain pemerintahan Jepang, orang-orang Belanda juga harus hengkang dari negeri yang ia sukai itu.

Setelah lama menunggu evakuasi, kelompok Arie akhirnya dijemput. Namun ia sangat terkejut ketika tahu bahwa ternyata dirinya dan ratusan prajurit lain tidak dikapalkan ke Belanda. Namun justru dibawa balik ke Singapura menggunakan truk dan bus. Di Singapura ia kembali dimasukkan dalam tempat penampungan dalam tempo agak lama, sambil menunggu "dipulangkan" ke Indonesia.

Pada akhir Januari, KPM ss Tendens bertolak dari Bangkok dan berlabuh di Singapura. Inilah kapal yang akan membawa Arie dan ratusan kawannya ke Jakarta. Hati Arie sangat gembira membayangkan bakal menginjak kembali tanah "Batavia". Meski begitu, sesungguhnya ia sangat ingin pulang ke Belanda untuk bercerita panjang lebar ihwal peradaban kelam kepada ayah, ibu, dan sanak saudaranya.

Dalam perjalanan di atas kapal perang tersebut, di atas kapal yang sedikit bergoyang, ia menulis surat cukup panjang kepada ayahnya. Begini isi surat yang bertanggal 6 Februari 1946 itu.

Dengan seluruh cinta!
"Maju, maju, kami berlayar menembus Laut Jawa. Kapal kami berbadan bagai ikan paus, yang laju bergerak menuju waterfront. *Lubang hidungnya menyemburkan udara dan air, yang seolah jadi pendorong perjalanan sehingga lebih cepat menuju darat.*

Vader, saya berada di dalam perut kapal itu bersama truk-truk dan para tentara kurus namun selalu bersikap tegar dan rapi. Di kapal saya sebisanya menulis surat, meski kapal terasa agak gelap karena kurang penerangan. Tas-tas dan koper-koper saya siapkan sebagai penyangga, sehingga kapal seperti kantor. Saya tetap berusaha sebisanya menulis. Ah, terasa nikmat menggunakan pena lagi! Meski saya punya dua fountain pen, *saya bukanlah penggemar* fountain pen. *Namun itu sekarang saya pakai lagi.*

Ini surat ke-13. Selama tinggal di Singapura saya mengirimi surat yang ke-12. Di kapal ini ada Naafi Cantine, yang mempekerjakan tenaga anak lelaki yang murah. Di kapal tersedia pisau cukur dan sabun dalam jumlah sangat cukup, seperti sebelum perang. Buah kalengan dijual sangat murah. Tali sepatu dan korek api mudah didapat. Aha, beberapa dari kami mulai menimbun! Maklum, kami tak menemukan semua itu selama beberapa tahun. Sungguh, ketika melewati '42 dan '43 saya berjenggot kotor. Tetapi beberapa teman saya toh ada yang menyesal meninggalkan Siam. Ada yang meninggalkan kekasih-kekasihnya di sana. Bahkan ada yang sudah beristrikan wanita Siam.

Namun biarkanlah mereka. Saya sendiri merasakan kesedihan yang mendalam dari peristiwa ini, sehingga saya ingin periode Siam terpotong sama sekali dalam hidup saya. Meski tentu saya juga berusaha mengenang yang menyenangkan dari situ. Walau mungkin tak ada. Atas semua pengalaman pahit itu, saya mempunyai catatan-catatan yang keren, bersejarah, geografikal. Catatan itu berupa 24 drawing besar dan beberapa berupa sketsa kecil. Juga beberapa foto yang saya beli, dan saya simpan baik-baik.

Ya ya, saya tak menduga sama sekali bahwa selama tahun-tahun itu kami berada di neraka sepenuhnya. Padahal Siam itu sebuah kenyamanan, sebuah negeri yang subur dan indah. Apakah film Burma Victory pernah dipertunjukkan di Eropa? Di situ digambarkan hujan yang lebat dan keberadaan lumpur yang tak bisa dipahami. Namun sekaligus dukacita hutan belantara, tempat kami bekerja paksa. Dalam film itu nampak crane dan alat-alat listrik pemotong kayu yang siap membabat hutan, agar kayunya bisa dipakai untuk penopang proyek rel kereta dan jembatan. Meski dalam kenyataannya kami melakukan semua itu secara manual, dengan alat-alat yang umum diketahui orang-orang Belanda.

Vader, bagaimana Anda beradaptasi dengan dunia baru ini? Bukankah Van Mook bersaksi sebagai sahabat yang jujur? Begitu banyak Van Mook membagikan kekecewaan kepada kami, yang sesungguhnya tidak layak kami terima. Malam ini saya mendengar bahwa Belanda mengirim misi parlemen ke Jawa, setelah beberapa kali misi itu ditunda. Tunda dan penundaan adalah kata yang paling kami benci sekarang ini. Lantaran pemerintah Belanda akhir-akhir ini selalu bermain dengan penundaan. Segala sesuatu sudah ditunda. Kepulangan kami ditunda. Gaji-gaji kami ditunda. Moda angkutan bagi wanita dan anak-anak, makanan-makanan, akomodasi, dan hiburan, ditunda. Kadang saya mencurigai bahwa rakyat di Belanda tidak menyadari bahwa seluruh aspek sosial kami di sini terkatung-katung, tanpa tujuan, tanpa kerja. Saya tahu Alcantra sudah berangkat ke Belanda membawa 2.400 yang dievakuasi. Tapi cuma itu saja. Saya kecewa.

Betapa saya merindukan berita seputar kebudayaan. Di Bangkok saja sudah ada majalah berbahasa Inggris yang bagus. Saya berniat untuk belajar membaca, di antaranya lewat Nieuwe Revue. Apakah sungguh tidak ada organisasi yang bisa mengirimi bacaan-bacaan ke negeri koloni? Kami tidak peduli bacaan apa dan kapan diterbitkan. Majalah-majalah tua pun oke, seperti Haagsche Post *atau* The Groene *misalnya. Saya berusaha membaca buku-buku bahasa Inggris sebisanya. Banyak dari kami yang sempat membaca di tengah penderitaan yang kotor, compang-camping, dan kasar. Saya menyempatkan membaca ketika bertugas di rumah sakit. Di sela-sela kesibukan menyeret orang mati, menggotong orang-orang sekarat untuk diurus. Buku-buku menyelamatkan saya. Buku akan menyelamatkan orang banyak.*

Vader, di Chungkai, kamar rumah sakit tempat saya menyembuhkan diri dari malaria, saya bisa membaca banyak. Rumah sakit ini juga punya sebuah gereja kecil yang dipakai sekaligus untuk Protestan, Katolik Anglikan, dan Katolik Roma. Juga sebuah auditorium. Sementara agak jauh di sebelah kanan nampak sehamparan taman yang pernah menggeletakkan 1.700 orang yang butuh pertolongan. Dalam tahun-tahun penderitaan sekurang-kurangnya saya membaca 9 buku. Namun, meski semua ternikmati sungguh-sungguh, tak yakin saya selesai membacanya. Karena semua berada dalam suasana kacau balau. Memang tak ada pilhan lain. Tapi tetap menarik.

Sekarang saya merindukan sesuatu yang sungguh-sungguh terkomposisi. Hidup yang dijanjikan pemerintahan Belanda, yang katanya akan melakukan perubahan, sebagaimana dijanjikan Martinus Nijhof dan Arthur van Schendel. Minum di waktu yang pantas dalam sehari, membeli banyak buah-buahan, dengan sedikit ngudut.

Oke, sekian saja ya. Tulislah surat buat saya, Vader. Dan bagaimana kabar Wim?"

Salam hangat,
Adri-mu.

Arie kembali menjalani kehidupan di Jakarta. Oleh karena ternyata Belanda belum juga pergi dari Indonesia, ia dikembalikan ke kantor Topograpische Dienst atau Jawatan Topografi, yang gedungnya berada di kawasan Koningsplein (kemudian disebut Lapangan Merdeka). Ia tinggal di sebuah mes di Poolweg, jalan kecil dekat kawasan Istana Negara sekarang. Pergaulan antarseniman mulai ia eratkan lagi. Karena tempat tinggalnya tak jauh dari rumah pelukis Ernest Dezentje, kadang-kadang Arie berkunjung ke sana. Ia juga bersahabat dengan Theopile Suijkerbuijk, yang ia kagumi sketsa-sketsanya.

Di jawatan ini Arie tetap diposisikan di bagian repro (*reproductive bedrijt*). Setelah tiga tahun bertugas, pangkat Arie dinaikkan menjadi Sersan oleh pimpinan jawatan itu, Ouborg, saudara dari Piet Ouborg, pelukis terkenal Belanda abad ke-20. Arie menjunjung pangkat ini dengan sebutan: Sersan Chromo Lithograaf.

Arie Smit di Batavia.

Kembali ke Medan Perang

Perang itu celaka. Politik itu absurd. Begitu Arie Smit berkata. Begitu pula beratus-ratus teman Arie meyakini. Anggapan itu muncul karena mereka melihat kenyataan: betapa Indonesia yang sudah memproklamirkan kemerdekaan, ternyata masih bisa dinyatakan sebagai negeri jajahan oleh Belanda. Bagi pemerintah kolonial Belanda, Indonesia hanya terbebas dari cengkeraman Jepang. Tapi tidak terlepas dari kekuasaan Belanda, yang sudah menguasai Indonesia 350 tahun. Lalu bukankah Belanda tak pernah menyatakan kalah perang melawan Indonesia di Hindia Belanda?

Lalu pasukan Belanda datang lagi ke Indonesia dengan kedok NICA (Netherlands Indies Civil Administration). NICA adalah nama pemerintahan pelarian Hindia Belanda yang "bersembunyi" di Australia. Pemerintahan yang berpusat di Brisbane ini dianggap sebagai pengganti dari pemerintahan resmi Belanda di Hindia Belanda yang menyerah tanpa syarat kepada Jepang, 8 Maret 1942. Kepala pemerintahan NICA adalah H.J.Van Mook, seorang Letnan Gubernur Jenderal yang diangkat sebagai Menteri.

NICA memang dipersiapkan matang untuk mengambil alih pemerintahan pada momentum yang tepat. Momentum itu datang ketika Jepang menyatakan kalah perang, dan meninggalkan Indonesia. Dan ketika tentara Sekutu (Amerika, Inggris, Australia) bergerak pada September 1945 untuk melucuti persenjataan tentara Jepang, serta menyelamatkan warga negara Sekutu yang ditawan Jepang di Indonesia, NICA mulai menggunakan siasat liciknya. Caranya, sebagian besar tentara NICA diperintahkan mengenakan seragam tentara Inggris, untuk mengelabui. NICA pun banyak mendapat rampasan senjata dari Jepang. NICA jadi tahu kekuatan Indonesia semasa dikuasai Jepang. Siasat membonceng Inggris ini dilakukan lantaran Inggris terposisi sebagai pimpinan Sekutu.

Setelah tentara Inggris selesai bertugas dan meninggalkan Indonesia pada 30 November 1946, NICA terang-terangan membuka kedoknya. "Gua Belanda! Hahaha." Mereka lalu mulai sekuat tenaga mengusik pemerintahan Indonesia, dengan menerapkan politik memecah belah, *devide et impera,* seraya terus menyusun strategi untuk menerapkan "politik negara bagian" *(deelstatenpolitiek).* Lalu berdirilah pemerintahan negara boneka, atau Bijeenkomst voor Federaal Overleg (BFO), dengan anggota antara lain Negara Pasundan, Negara Jawa Tengah, Negara Jawa Timur, Negara Kalimantan Barat, Negara Sumatera Barat, sampai Negara Malino (Indonesia Timur).

Setelah BFO dianggap berhasil, NICA menyatakan diri bubar karena pemerintah kolonial Belanda sudah memiliki peluang baru untuk menguasai Indonesia. Rakyat Indonesia tentu saja berang. Pemerintahan Indonesia yang baru saja dipimpin secara resmi oleh Sukarno dan Hatta tentu berusaha bertahan. Lalu perang Indonesia-Belanda pascakemerdekaan pun dua kali meletus hebat. Perang itu disebut Aksi Polisionil, dan memakan banyak korban di kedua belah pihak.

Arie merasa heran ketika melihat kenyataan bahwa dirinya harus terlibat peperangan lagi. Namun dengan berbagai cara ia menghindar dari kontak senjata. Ia ingin tidak terusik dari kursinya sebagai penggarap topografi. Beberapa pimpinannya melihat hasrat Arie ini. Pada Maret 1946 ia mendapat tugas untuk meneliti kawasan Bali, dengan fokus wilayah Karang Asem. Ia pun berangkat dalam kelompok Brigade Gadjah Merah Infanteri XI, dengan tugas sebagai asisten pencatat, atau penulis. Pada waktu itu situasi Bali buruk karena banyak maling, garong, dan bandit, yang di antaranya datang dari Jawa. Dalam misi ini Arie sempat mengunjungi Pura Besakih, yang sebelumnya ia kenal keunikan dan keagungannya lewat cerita dan berita. Arie takjub kepada Bali. Namun sekaligus sangat prihatin melihat situasinya. Ia pun membuat artikel mengenai kunjungan pertamanya ke Bali. Artikelnya berjudul "Besakih" dan dimuat di *Het Dagblad.*

Di luar tugas itu ia juga membuat lukisan-lukisan cat air. Lukisan-lukisan dibuat di atas kertas berukuran folio (21 x 29 cm). Jalan di Karang Asem, pojok-pojok kampung Bali, Pura Ksatria, dan pohon beringin yang menaunginya, digambarkan dengan penuh penghayatan. Arsitektur Bali, yang ia anggap sangat unik dan tiada duanya di dunia, direkamnya dengan kesaksamaan penglihatan. Lantaran semua dikerjakan di luar tugasnya sebagai topografer, lukisan-lukisan itu ia simpan sebagai koleksi. Kemudian dengan bangga ia kirimkan kepada keluarganya di Belanda.

Arie juga melihat banyak temannya yang terpikat kepada gadis-gadis Bali. Wajah gadis Bali yang selalu cantik manis, banyak senyum, dengan warna kulit sawo matang atau coklat, disertai rambut panjang yang terurai di depan pundak, adalah hiburan visual tak terkatakan. Apalagi ketika diketahui betapa mereka sering tidak memakai penutup dada. Sebuah pemandangan langka! Lebih dari itu, gadis-gadis Bali dikenal mudah didekati, tetapi sulit ditangkap. Seperti *duif*, atau merpati. Ungkapan "*Duif geen katje om zonder handschoenen aan te pakken*", yang bermakna "jinak-jinak merpati", segera ia ingat kembali. Anehnya, Arie tak ingin merekam kecantikan gadis-gadis itu di kertasnya. Yang tergambar adalah bocah-bocah lelaki Bali tak berbaju, yang sedang duduk atau jongkok di tepian sawah atau ladang. Gambar-gambar bocah ini ia kerjakan dengan pensil.

Inilah bentuk kekaguman pertama Arie kepada Bali.

Arie bekerja sungguh-sungguh untuk negerinya, Belanda, walaupun dalam hatinya tersimpan kekecewaan mendalam terhadap politik negerinya. Rasa kecewa itu sering ia ungkapkan kepada sahabatnya, Theophile. Biasanya Theo menambahi, membumbui, dan mengompori sehingga kadang Arie sangat gemas, seraya mengeratkan kepalan jari tangan kanannya seperti akan menggebrak meja. Arie sering bercerita kepada Theo ihwal pesan ibundanya, sebelum dirinya berangkat tugas ke Hindia Belanda. "Selain menunaikan tugas pemerintahan, Arie juga harus menjunjung kebenaran yang diyakini oleh hati dan pikiran." Karena itu, logis apabila Arie marah kepada politik Belanda.

"*Hij wil zijn moeder niet teleurstelen*," kata Theo. Arie memang tak ingin sekali pun mengecewakan ibundanya.

Namun kala kejengkelan kepada Belanda itu berkobar-kobar, ia tiba-tiba mendapat berita menyenangkan dari Pemerintah Belanda. Dirinya diundang dalam perjamuan di Volendam, yang dilangsungkan pada 20 Mei 1947. Hati Arie berbunga-bunga. Apalagi biaya perjalanan ke Belanda dan ongkos pulang ke Indonesia ditanggung oleh pemerintah Belanda. Ia pun berangkat. Tergambar dalam benak Arie betapa bahagianya ia bisa bertemu ayah, ibu, dan sanak saudaranya. Betapa gembira pula mereka menyambut.

Kapal Arie telah berlabuh. Mata Arie basah ketika kakinya menginjak lagi Tanah Air. Air matanya mengucur ketika keluarganya dengan penuh sukacita memelukinya erat seraya berkata, "Doa kami terkabul. Akhirnya kamu kembali ke rumahmu."

Perjamuan Volendam yang dihadiri lebih dari 600 orang ini ternyata sebuah selebrasi untuk menghormati para serdadu Belanda eks pejuang Perang Dunia II di Hindia Belanda. Musik mars berbunyi, dan lagu kebangsaan *Wilhelmus van Nassouwe* bergema anggun. Pikiran Arie tiba-tiba berkhayal: lagu itu benar-benar dibuat khusus untuknya. Bukankah ada nama Wilhelmus, sepotong namanya, di situ? *Aaach.* Pikiran kocak itu seolah menjadi kenyataan ketika dirinya dipanggil untuk menerima penghargaan tinggi dari negara: War Cross Memorial, bintang jasa perang "Oorlogsherinneringskruis OHR". Di samping Arie, ada 128 anggota angkatan laut, dan 72 anggota angkatan darat yang tergabung dalam KNIL mendapat bintang jasa.

Dalam forum besar itu Arie merasa beruntung karena dirinya masih sehat dan berfisik utuh. Tak sedikit dari para penerima bintang jasa itu menderita cacat. Ada yang jari-jarinya sudah tak utuh, ada rusak sebagian wajahnya, ada yang harus menggunakan kruk untuk selamanya. Bahkan ada yang sudah berbicara gagap karena rusak tenggorokannya.

Kepulangannya ke Belanda ini ia gunakan untuk bertamasya ke sekujur negeri. Bahkan ia menyempatkan diri ke negeri-negeri lain, yang sebagian masih runyam lantaran baru bebas dari Perang Dunia. Dasar pelukis, ke mana-mana ia membawa papan sketsa, kertas, cat air, dan pensil. Berbagai pemandangan menarik yang dijumpai ia gambarkan. Termasuk sejumlah lokasi di Aljazair. Semangat Arie untuk melukis segala sesuatu yang ia lihat didapat dari Theophile. Sang sahabat ini kala di Jakarta selalu berteriak "Gambar! Gambar!" setiap kali Arie memperhatikan sesuatu dengan cermat. Bagi Theo, hasrat mencermati sesuatu adalah embrio dari keinginan melukis sesuatu itu.

Selama 11 bulan Arie berada di Belanda dan Eropa. Cukup lama bagi Arie. Lumayan menghilangkan rindu, bagi keluarganya. Pada awal April 1948 ia pamitan kepada keluarga untuk pulang ke Indonesia, untuk menyelesaikan berbagai tugas yang diberikan oleh negara. Keluarganya dengan ringan melepasnya. Catrien, kakak Arie, mengatakan bahwa suasana dunia sudah aman dan kerja di Indonesia anggap saja sebagai darmawisata. Arie lega mendengarnya. Lalu dengan kapal Groote Beer ia meninggalkan Belanda melalui Pelabuhan Amsterdam. Perjalanan ditempuh dengan menyenangkan, bagai berwisata. *Als toeris reizen*, dalam bahasa Arie.

Pada 1948 itu Arie seperti memperoleh spirit baru. Ia tetap bekerja di kantor dari pagi sampai sore. Sepulang dari kantor ia menjalankan tugas sebagai pelukis amatir. Ia menyebut amatir karena selama ini ia merasa bahwa dirinya lebih sebagai topografer, atau perancang grafis untuk benda-benda cetak seperti poster, buku, dan majalah. Itu sebabnya ketika diajak Theophile untuk pameran bersama, semula ia menolak. Namun akhirnya tawaran itu dia terima dengan syarat: Arie hanya menampilkan gambar dan sketsa, sementara Theo lukisan cat air dan sedikit cat minyak. Karya Arie berjumlah 20, sedangkan lukisan Theo sebanyak 42.

Pameran ini berlangsung 24 Oktober-3 November 1948 di sebuah galeri di Jalan Gunung Sahari 84, dan berjudul *Opbouw-Pembangoenan*. *Opbouw* atau pembangunan yang dimaksud adalah "pergerakan rakyat Indonesia yang ingin menyejahterakan diri setelah menyatakan kemerdekaan pada 1945". Presentasi dari tema itu adalah lukisan dan gambar yang merekam sudut-sudut kota, kampung, dan desa yang bagai tampak pada lukisan Arie, juga pergulatan manusia Indonesia, seperti dalam lukisan Theo. Pelukis profesional penerima hadiah dari kota Utrecht ini menggambarkan sejumlah wanita Indonesia yang lantaran perang terpaksa menyambung hidup di lokalisasi prostitusi.

Pameran sudah dibuka, namun pengunjung masih sepi. Arie tenang-tenang saja. Tetapi Theophile amat gelisah. Ia merasa bahwa masyarakat musti tahu apa yang dikerjakan bangsa Indonesia pascakemerdekaan. Arie akhirnya memahami kegelisahan Theo. Maka mereka kemudian minta kepada penyelenggara agar memasang iklan pameran untuk promosi. Galeri menyetujui. Lalu muncullah iklan dua kolom di koran *Het Dagblad* edisi 30 Oktober. Bunyinya: *Tentoonstelling: aquarellen – gouaches – tekeningen van Theophile en Arie Smit. Tot 3 November a.s. geopend van 8 – 13 uur en 17 – 21 uur. Zondag 31 October van 10 – 13 uur en 17 – 21 uur, tevens een interesante collecyie boeken voorhanden. Ougbow Pembangoenan – Gg. Sahari 84 Batavia-C.*

Hasilnya lumayan. Banyak pengunjung datang. Puluhan kolektor juga menjenguk, mengapresiasi, meski belum membeli. Walaupun pameran kurang diminati publik umum, para pengamat seni dan kritikus cukup memperhatikan pameran itu. Karya Arie dan Theo dianggap sangat berpengharapan. Di harian *Nieuwsgier* edisi 25 Oktober pengamat seni Dirk de Vries menulis dengan judul "Tentoostelling Arie Smit en Theophile". Di situ Dirk menyebut Arie sebagai penerus mazhab Zaanlander, sementara Theo sebagai penerus Brabander.

Arie dan Theo disebut sebagai pelukis yang memiliki atensi besar kepada Indonesia. Arie menunjukkan itu lewat obyek-obyek yang dengan intens didekati. Seperti perahu di sungai, aktivitas pelabuhan, suasana perkampungan, sampai Pecinan. Juga persawahan, yang oleh Arie dihayati sebagai sesuatu yang liris, dan sebagai bagian dari misteri dunia timur. Sementara itu, Theo lebih memperhatikan figur manusia, khususnya perempuan. Arie dan Theo dijunjung sebagai seniman yang tampil manis sekaligus atraktif. Meskipun dalam lukisan-lukisan Arie, Batavia yang ramai dibuat kelihatan sepi, lengang. Arie dan Theo ditulis sebagai seniman yang berhasil merepresentasikan dengan sempurna apa yang dilihat matanya. Arie disebut sebagai pelukis besar masa mendatang.

Arie bergembira dengan pamerannya yang pertama itu. Ia setidaknya merasa sudah memberikan sesuatu kepada masyarakat Indonesia, yang selama 3 tahun kemerdekaan masih saja diusik oleh politik Belanda, negaranya. Arie memang merasa sangat tidak nyaman melihat dan mendengar kabar ihwal Aksi Polisionil, atau Agresi Militer Belanda. Sebagai serdadu, ia tentu harus paham politik. Itu sebabnya ia mengaku lumayan malu terhadap aksi militer yang dilakukan oleh pemerintahan negaranya.

Aksi Polisionil yang Muskil

Aksi Polisionil I berlangsung pada 21 Juli sampai 5 Agustus 1947. Aksi ini berupa Operasi Produk yang tujuannya menguasai kembali wilayah-wilayah ekonomi terpenting di Jawa Barat, Jawa Timur, dan Sumatera, tanpa mengganggu Yogyakarta, yang sedang menjadi pusat pemerintahan Indonesia. Operasi yang dipimpin oleh Jenderal Simon Hendrik Spoor ini disebut sebagai penerapan Perjanjian Linggarjati, yang disahkan pada 27 Maret 1947. Perjanjian yang dipaksakan, dan hanya menguntungkan pihak Belanda. Pemerintah dan rakyat Indonesia melawan. Gerilya rakyat pun dilakukan. Sangat banyak tentara NICA yang mati. Belanda gentar sehingga menyebut fase ini sebagai "Periode Bersiap". Sampai akhirnya PBB menginterVensi dengan menyarankan gencatan senjata lewat Renville-overreenkomst (Persetujuan Renville) yang disahkan pada 17 Januari 1948.

Aksi penjajahan kembali ini berlanjut setahun kemudian, dalam Aksi Polisionil II, 19 Desember 1948 sampai 5 Januari 1949. Pertempuran tersebut muncul sebagai akibat dari keputusan kontroversial Dr Beel, yang menyatakan bahwa Belanda tidak terikat lagi kepada hasil Persetujuan Renville. Pada hari itu lapangan terbang Maguwo, Yogyakarta tiba-tiba dibombardir dari udara oleh pesawat-pesawat Belanda. Sekitar pukul 3 sore kota Yogyakarta yang diposisikan sebagai pusat pemerintahan Republik Indonesia kala itu, praktis diduduki. Presiden, Wakil Presiden, serta sejumlah petinggi politik dan pucuk pimpinan Indonesia ditahan oleh Belanda.

Aksi pendudukan ini keterlaluan sehingga PBB menganjurkan gencatan senjata, dan Belanda mendapat boikot politik dari dunia internasional. Aksi boikot ini menggelorakan semangat para pejuang, yang dipimpin Jenderal Sudirman, Sultan Hamengku Buwono IX, dan Soeharto. Lalu Yogyakarta direbut kembali dalam pertempuran hebat selama enam jam. Pertempuran ini membuat tentara dan gerilyawan Indonesia remuk redam, sementara Belanda babak belur. Belanda bahkan mulai angkat tangan, dan terbirit lari ke Surakarta untuk lalu merancang Konferensi Meja Bundar di Den Haag akhir Agustus 1949, yang berujung penyerahan kedaulatan kepada rakyat Indonesia. Belanda pun mengakui bahwa Indonesia sudah merdeka: pada September 1949.

Arie merasa beruntung tidak dilibatkan dalam aksi pendudukan yang muskil itu. Karena andai dilibatkan, sebagai prajurit ia tidak mungkin menolak sekalipun sekarung dalih sudah ia siapkan untuk tetap berada di belakang medan perang. Kedudukannya sebagai "sersan litografi" akan ia gunakan untuk bernegosiasi dengan komandan. Dalam situasi kemelut itu ia terus membuat sketsa dan gambar, yang katanya sekadar untuk melatih rasa, mata, dan tangan, dan untuk mencatat lingkungan.

Di sela-sela kehebohan aksi perang, Arie sempat mengikuti beberapa pameran bersama. Pada Oktober 1949 ia pameran berempat dengan Johan v.d Broek, Louis Visser, dan Theophile. Keikutsertaan ini juga atas dorongan Theo. Untuk menggalang penonton pameran, dan agar bisa "langsung sukses", keempat pelukis bersepakat memasang iklan di koran *Java Bode.*

Dalam pameran Arie menghadirkan lukisan yang terbuat dari *gouache* atau tempera (cat untuk kertas, dan tidak luntur apabila terkena air). Salah satu lukisannya, *Rumah dan Berandanya*, menarik perhatian. Pasalnya, di situ ia menggambarkan rumah di Batavia yang seperti surgawi, jauh dari persoalan. Rumah itu tertata rapi, dengan taman yang dihiasi perdu dan pohon. Namun rumah itu kosong, senyap, bagai ditinggalkan penghuninya. Tak ada makhluk hidup yang kelihatan. Sebuah lukisan liris! Banyak pengunjung memuji keganjilan suasana lukisan ini. Arie bersuka hati. Sukacita ini berlipat ganda ketika di tengah rentang waktu pameran itu ia tiba-tiba diberi tahu oleh pemerintah Belanda bahwa dirinya akan menerima medali perdamaian Ereteken Orde en Vrede. Arie gembira, dan segera mengabarkannya ke sanak saudaranya di Belanda.

Kala itu Arie sudah bolak-balik Jakarta–Bandung. Sampai akhirnya ia memilih Bandung sebagai tempat tinggalnya. Apalagi di kota ini ia mendapat pekerjaan yang cocok, selepas tugasnya sebagai pembuat topografi, dokumen visual yang tak diperlukan lagi oleh Belanda. Pada masa ini Arie mendapat pekerjaan di penerbit dan percetakan A.C. Nix sebagai *layout man* dan penggambar ilustrasi.

Kala Arie bekerja di situ, ia berkenalan dengan Rina Marsman, janda penyair Belanda Hendrik Marsman yang dikagumi oleh sejumlah penyair Indonesia, termasuk Chairil Anwar. Perkenalan Arie dengan Rina berkat mediasi Mary Effendi Saleh, istri direktur Jawatan Kereta Api, yang poster-posternya ia kerjakan.

Frank Bodmer dan Arie.

Alkisah Rina adalah sahabat Ratu Wilhelmina. Pada waktu itu Yuliana, putri Wilhelmina, sudah mempunyai anak. Rina ditugaskan untuk mendidik anak-anak Yuliana tersebut. Pada suatu saat oleh karena situasi perang, keluarga Ratu Wilhelmina dan Yuliana harus pindah ke Ottawa, Kanada. Rina Marsman sebagai pengasuh anak-anak Yuliana, diserahi tugas tambahan, yakni mengumpulkan literatur tentang seni anak-anak untuk anak-anak Yuliana. Rina berhasil mengemban tugas itu dengan tertib dan sabar.

Reputasi dan kesabaran Rina tercium oleh direktur A.C. Nix. Rina Marsman pun diundang ke Bandung untuk membuka perpustakaan buku anak-anak, dalam beberapa ruangan di sebuah gedung di Jalan Gereja, dekat Viaduct, Bandung. Perpustakaan ini dikelola oleh Yayasan Beribu. A.C. Nix yang menggagas, Rina Marsman yang menyusun, dan ternyata Arie yang memanfaatkan! Sebab, ternyata Arie amat sering berada di perpustakaan anak-anak tersebut sehingga kadang ia dicurigai oleh penjaga perpustakaan sebagai hantu Hans Christian Andersen....

Arie memang sangat menyukai fantasi dan imajinasi anak-anak. Bahkan ia sangat kagum kepada ekspresi gambar anak-anak, atau lukisan yang diperuntukkan bagi anak-anak. Dari situ naluri kreatifnya mengajak dunia kesenilukisannya untuk bereksperimen dengan literatur anak-anak itu. Baginya, lukisan anak-anak bukan tidak mungkin jadi akar yang membentuk watak seni lukis seniman dewasa. Ia semakin terpacu untuk tak henti melukis. Arie pun ikut dalam pameran bersama di Pusat Kebudayaan Bandung. Ini adalah pamerannya yang ketiga.

Belanda sudah mengakhiri aksi pendudukannya. Indonesia diakui sebagai negara yang seratus persen merdeka.

Setelah pengakuan kedaulatan Indonesia oleh Belanda, 27 Desember 1949, orang-orang Belanda yang berada di Indonesia diharuskan pulang. Namun bagi mereka yang bisa membuktikan bahwa dirinya telah mendapat pekerjaan, boleh tinggal di Indonesia. Bahkan mereka akan mendapat bonus sebesar 4.000 gulden. Arie Smit tentu memenuhi persyaratan itu karena ia telah terdaftar sebagai pekerja di A.C Nix. Dia lalu memilih tetap tinggal di Indonesia. Inilah momentum yang sangat mengesankan dalam kehidupan Arie. Dia merasa sangat bersyukur dapat segera mencopot seragam tentaranya, dalam status *eervol onstlag* (diberhentikan dengan hormat), dan kembali menjadi orang sipil. Baginya ini berarti: menjadi pelukis bebas dan profesional. Sekeluar dari kemiliteran, Arie segera menulis surat kepada ayah dan ibunya, sebagai tanda kegembiraan. Surat dengan tulisan tangan berbahasa Belanda itu bertanggal 2 April 1950.

> *Halo sayang.*
>
> *Saya menerima tawaran pemberhentian dari dinas kemiliteran. Ini terjadi tepat sesudah saya mendapat tawaran untuk bekerja di A.C. Nix, penerbit di Bandung. Di Bandung mereka sudah mempersiapkan tempat, meski saya memutuskan untuk libur panjang dulu. Kerja terus, capek deh. Mungkin saya ke Bandung pada akhir Mei. Atas urusan dengan KNIL, saya menolak pertimbangan untuk dipindahkan ke Kuala Lumpur. Saya anggap misi ke Kuala Lumpur, juga ke Suriname, tidak ada artinya. Selain itu saya tidak ingin jadi budak lagi di bidang sipil. Saya merindukan Indies. Saya merindukan kebebasan yang dulu saya punya.*

Mengapa harus mencoba sesuatu yang baru lainnya, apabila saya sudah mempunyai kaki yang kokoh di sini? Segala keraguan sudah saya taklukkan, setelah lama saya berpura-pura di dalam KNIL, yang sesungguhnya menyebabkan efek berlebihan di dalam pribadi saya, seperti ketika saya harus bekerja tanpa mood, *umpamanya. Sekali lagi, saya ingin menetap di Indies setelah keluar dari kemiliteran. Saya akan merasa lebih baik bila melangkah bersama pemerintahan Indonesia, yang dulu berada di bawah tekanan Belanda yang keterlaluan mengherankan. Dengan sekelompok orang yang sangat korup, yang mendapat bayaran terlampau banyak. Ini ketidakberesan demokrasi yang memalukan. Semua akan diubah oleh pemerintahan Indonesia.*

Saya akan jadi layout man. *Seseorang yang akan bertanggung jawab untuk bidang artistik barang-barang terbitan. Orang menyebutnya* graphic designer, *seperti Nan Platvoet dan Dick Effers di Belanda. Banyak kebebasan di sini. Bekerja tidak harus dalam satu kantor, tidak dibatasi jam-jam kantor. Gajinya pun baik. Saya merasa, antusiasme saya menggetarkan.*

A.C. Nix adalah sebuah firma yang mempertaruhkan segala untuk reputasinya. Mereka bagaikan sebuah keluarga besar artistik. Direkturnya adalah seorang pelukis dari Paris. Dan sebagai tambahan, Bandung begitu sehat dan segar. Ya, diri saya kini betul-betul terisi. O ya, ketika pensiun dari kemiliteran, saya menerima hadiah 4000–5000 gulden. Sebuah kesenangan yang cukup sebagai dasar awal yang baru."

Di Bandung, di tempat kos di Jalan Riau, Arie memiliki banyak teman. Kebiasaannya *blusukan* membuat ia dikenal oleh banyak orang di desa-desa dan kampung-kampung. Sifat dan sikapnya yang intelektual mendorong ia dekat dan didekati oleh para cerdik cendekia. Di kota ini ia kenal dekat dengan Sutan Takdir Alisjahbana, seorang budayawan, penyair, dan ahli bahasa tokoh Pujangga Baru. Takdir sering datang ke percetakan untuk mengoreksi tata letak bukunya yang dikerjakan oleh Arie. Dari pertemuan itu Arie menjadi sangat mengagumi pikiran-

pikiran Takdir, yang ingin membawa bangsa Indonesia menjadi modern, dengan cara menoleh ke Barat. Meskipun sesungguhnya Arie tak menginginkan Indonesia dilanda *westernisasi*.

Pada suatu kali Takdir mengajak Arie untuk berkunjung ke kediaman dan tempatnya bekerja, di Jalan Uni. Arie terkejut ketika melihat ada lukisan ciptaannya, *Tukang Betjak*, terpajang di satu dinding rumah Takdir. Arie bertanya dari mana lukisan itu didapat, lantaran seingatnya Takdir tak pernah datang dalam setiap pamerannya. Namun Takdir tidak menjawab. Ia hanya berkata, "Banyak orang melihat karyamu dari sudut pandang komersial. *Uit een commercieel oogpunt*. Tapi saya melihatmu, Arie, dari sisi masa depan. Saya cuma menunggu banyak orang berkata untuk kamu: *Hij is een bekende kunstenaar* (Ia seniman yang terkenal)," jawab Takdir.

Bagi Arie, lukisan itu memang artistik dan bertema non-komersial sehingga jadi lukisan yang ia banggakan dalam pamerannya yang kedua. Siapa yang mau membeli lukisan yang menggambarkan lelaki kurus yang sedang mengayuh becak, kalau bukan kolektor yang setengah gila? Bagi Arie, Takdir itu genius agak gila yang tahu benar perspektif perjalanan bangsanya.

Persahabatan Arie dan Takdir terus berlangsung. Arie banyak menimba ilmu mengenai Indonesia dari Takdir. Sementara Takdir merasa cocok dengan desain-desain serta ilustrasi Arie yang terterap dalam berbagai buku terbitannya. Oleh karena itu, ketika Takdir ke Eropa pada September 1951, Arie diajak. Arie yang sudah mempunyai uang tidak menolak ajakan itu. Dalam setengah perjalanan mereka berpisah untuk menyelesaikan tugas masing-masing. Arie lanjut ke London, Paris, dan sekitarnya. Berbagai gambar dan sketsa dibuat. Sebagian ia bawa pulang ke Indonesia, sebagian lain diberikan kepada keluarganya di Belanda.

Pada tahun ini Arie juga melancong ke Yogyakarta, yang dimitoskan sebagai kota perjuangan dan kota seni rupa. Di Yogyakarta ia berupaya masuk Keraton Yogyakarta. Siapa tahu bisa berjumpa dengan Sri Sultan Hamengku Buwono IX yang amat terkenal itu! Bukankah Walter Spies juga pernah berada di sana? Dari Yogyakarta ia ke Candi Borobudur, Candi Prambanan, dan Pantai Parangtritis. Juga keluar-masuk kampung-kampung di Yogyakarta yang menurutnya sangat khas. Semua yang ia lihat dicatat dalam sketsa dan dalam bentuk tulisan.

Arie kala di Bandung, dalam perkumpulan perempuan.

Kemampuan seni grafis Arie dikenal di kalangan komunitas seni Bandung. Oleh karena itu, Institut Teknologi Bandung lantas merekrutnya sebagai pengajar seni grafis untuk litografi di jurusan seni rupa. Di situ ia bertemu dengan rekan-rekan Belandanya, seperti Ries Mulder dan Wolff Schoemaker, arsitek dan pelukis "Indonesianis" yang ia kenal namanya sejak lama.

Di Bandung Arie termasuk sibuk. Berbagai kegiatan seni dan bahkan "kenegaraan" ia ikuti. Misalnya ketika di Bandung pada Februari 1953 diselenggarakan Konferensi ECAFE (*Economic Commision for Asia and the Far East*) di Bandung. Di situ Arie membuat 10 poster besar untuk menghiasi ruang rapat. Bersama Dr. Kohler, orang Austria, ia juga mengurus Pameran Seni Kanak-kanak Internasional di Jalan Naripan, Bandung.

Pada masa itu Arie ikut kursus bahasa Inggris yang dipimpin oleh suami-istri Biddulph, yang menyiapkan ijazah dari Cambridge. Arie lulus. Dari situ ia melakoni tugas negara selanjutnya, yakni mengajar bahasa Inggris kepada para wanita di Bandung yang ditunjuk sebagai

Auke Sonnega dan Arie, dengan motor gede.

tim sambutan Tamu Agung Konferensi Asia Afrika yang akan diselenggarakan pada April 1955. Buahnya lumayan. Pada akhir 1954 pemerintah Indonesia memberikan honorarium yang sangat cukup. Secara khusus Frank Bodmer, sahabatnya yang berada di Jakarta, memberi salam salut kepada Arie. "Ya. Presiden Sukarno ingat benar kepadamu!" kata Frank.

Perlu diketahui, Frank adalah fotografer berdarah Swiss yang sering dipanggil oleh Presiden Sukarno untuk merekam sudut-sudut Istana Presiden. Menarik diingat, Frank adalah sahabat yang mengajak Arie menjadi warga negara Indonesia, pada 1950. Bolehlah kita kenang peristiwa itu.

Pada suatu hari Frank berkata kepada Arie Smit dengan agak berapi-api. "Ayo jadi warga negara. Masih ada kesempatan! Ini hari terakhir!" Arie tersentak mendengar tawaran itu. Dengan bergegas ia ikut bersama sejumlah orang Belanda lainnya menuju pengadilan negeri di Molenvliet. Setelah menyerahkan paspor, mengisi formulir, jadilah ia warga negara Indonesia. Kemudahan ini memang diberikan kepada orang-orang Belanda yang telah tinggal lebih dari 10 tahun di Indonesia.

Syahdan Arie hidup secukupnya di Bandung. Uang ada, ada makan, ada sandang, ada alat-alat lukis, dan ada waktu. Baginya itu cukup. Pacar ia tak punya, bahkan tidak ingin punya. Walaupun ia tahu benar perempuan cantik. Bahkan ia tahu sejumlah kode di kalangan gadis Sunda. Misalnya, apabila seorang gadis mengurai rambut panjangnya ke depan pundak, itu petunjuk bahwa statusnya masih *vrij*. Apabila rambut di depan pundak itu dipegang dan dielus-elus, apalagi dengan mata mengerling, gadis itu menyatakan dirinya seperti gelas yang kosong, *lege glazen*. Hatinya ingin diisi. Dari Theophile ia mendapat info bahwa gadis-gadis di Jawa juga begitu.

Arie menikmati kebebasannya sebagai manusia. Ia sudah ingin jadi pelukis profesional. Oleh karena itu pekerjaan tetapnya ia lepaskan. Ke mana-mana ia membawa kertas, kanvas, serta pensil dan cat. Ketika memerlukan uang untuk menambal kebutuhan, ia mencari pekerjaan yang selaras dengan kemampuannya. Frank Bodmer tahu gaya hidup Arie. Pada Februari 1955, seusai Arie menyelenggarakan pameran tunggal di toko buku Kolff, Jakarta, ia lantas mengajak Arie untuk mengulang hidup di Jakarta. Dikatakan bahwa obyek seni di Jakarta masih sangat banyak yang belum dilihat, dan dilukis. Frank juga mengatakan bahwa di Jakarta ia tinggal bersama ibunya di sebuah rumah cukup besar, di Jalan Jogja 22. Arie boleh menginap di rumah itu dalam tempo lama. Arie menjawab dengan ketus bahwa ia sudah tahu. "Bukankah saya sudah pernah tinggal di sana pada 1951? Apa Frank lupa?" Namun Arie menerima tawaran itu. Lalu ia pun balik bermukim di Jakarta, dan kembali *blusukan* di Jakarta tanpa kenal lelah.

Namun Arie tak ingin berutang budi terlalu banyak kepada Frank. Ia menyewa garasi rumah itu. Ia juga bekerja di studio Frank sebagai pemberi warna pada banyak foto, yang kala itu masih hitam putih.

Gambar Arie tentang Borobudur.

Arie pameran di Batavia.

Frans mengabarkan keterlibatan Arie ini kepada banyak pelanggannya. "Warna Studio Frank Bodmer digarap oleh pelukis Arie Smit!" begitu ia berkata kepada banyak orang. Kepada Presiden Sukarno di Istana Presiden ia juga berpromosi. Lewat Istana Presiden posisi Arie diketahui Tjio Tek Djin, kolektor yang kelak dikenal sebagai saudagar lukisan dan pemilik studio seni di Jalan Tjideng. Sejumlah lukisan Arie dibeli Tjio dengan harga pantas. Sebelumnya, Tjio juga sudah punya beberapa karya Arie, yang dibeli dari pameran di Kolff.

Dengan uang itu, ditambah dengan honorarium besar Konferensi Asia Afrika dulu, ia lalu pamit kepada Frank, untuk *blusukan* lebih intens di Jakarta, bahkan menelusuk kota-kota lain. Lucunya, Frank malah ingin ikut dalam perjalanan Arie. Bahkan ia bersedia menjadi pemandunya. Lalu bersama Frans dan stafnya, dan dengan mobil Austin milik Frank yang sering mogok, mereka keliling Jawa. Frank memotret, Arie membuat sketsa. Sebagian sketsa ini kemudian ia kembangkan jadi lukisan.

Atas keberuntungan hidup di studio dan atas kegembiraan di perjalanan ini ia menulis surat kepada Theophile, juga kepada orangtuanya di Belanda. Di balik foto hasil jepreten Frans tahun 1951, yang merekam dirinya dengan seekor anjing, Arie menulis: "Ini adalah anjingku yang bernama Robekknol." Foto ini hanya untuk mengindikasikan bahwa hidupnya sudah tenang. Dan ia akan setia kepada profesinya, seperti anjing yang setia kepada tuannya.

Lukisan Arie sudah cukup banyak. Lalu muncullah petinggi perusahaan minyak Bataafsche Petroleum Maatschappij (BPM). Direktur ini mengatakan bahwa dirinya memiliki beberapa lukisan Arie, yang di antaranya dibeli dari pameran di Kolff dan dari Tjio. Para petinggi itu mengharap agar Arie bisa pameran di pusat-pusat eksplorasi dan pengelolaan minyak, dan perusahaan akan mensponsorinya. Arie tentu saja sepakat. Lalu pameran tunggal pun terselenggara. Yang pertama bulan Juni 1955 di Gedung BPM Plaju, Sumatera Selatan.

Di Plaju ia tinggal beberapa minggu untuk mempersiapkan karya-karyanya. Pameran diadakan dengan sukses. Terutama dalam aspek penjualan. Dalam pameran itu ia memang sengaja membuat sejumlah lukisan yang secara tematik disenangi publik, dengan warna-warna manis. Upaya ini ia lakukan sebagai jalan mudah menyenangkan sponsor. Menurutnya itu adalah hal yang biasa terjadi di galeri-galeri Eropa. Yang penting, kualitas visual dan karakteristik lukisan tidak dilorotkan. Para manajer dan relasi BPM menjunjung karya Arie. Sejumlah kolektor yang tak semua memahami lukisan juga terpikat untuk mengoleksi.

Lalu terselenggaralah pameran kedua, yang juga disponsori oleh BPM sektor Balikpapan, Kalimantan Timur. Di sini Arie kembali menghadirkan karya-karya yang manis rupa dan berukuran kecil-kecil sehingga bisa ditenteng serta dimasukkan kopor para Belanda yang pulang kampung. Namun di samping itu ia juga memunculkan lukisan-lukisan berukuran besar, yang dalam corak ia kategorikan sebagai lepas dari *een commercieel resico*, atau risiko komersial. Para pengamat menganggap karya-karya ini sebagai bentuk perubahan untuk menuju wajah baru seni Arie. Namun publik umum menyebut karya-karya itu sebagai eksperimen saja. Dengan begitu, pameran ini secara komersial tidak sesukses pamerannya di Plaju. Ternyata Arie malah bergembira dengan kenyataan ini. Karena dengan begitu ia bisa mengoleksi lukisan-lukisan cat minyak dan tempera ciptaannya. Selama ini ia hanya bisa menyimpan gambar-gambar atau sketsa saja.

Di atas kapal Pulau Laut yang membawanya pulang dari Sumatera Selatan ke Jakarta ia berkata kepada diri sendiri: "Saya katakan, bahwa saya sekarang sudah menjadi pelukis profesional." Sementara ia menyebut bahwa dirinya baru merasa benar-benar menjadi pelukis—bukan penggambar, bukan topografer—sejak menggelar pameran tunggal di Bandung, 1954.

***

Arie Smit, "Bali Senjakala", 1997.

III

Ke Bali Arie Pergi

Memahami Surga yang Kacau

ARIE termangu-mangu sendirian di dekat jendela. Semilir angin Jakarta mengabarkan akan ada gerimis yang datang. Ia menatap langit yang dihiasi segumpal mendung yang tenang menggantung. Lalu rintik air semakin banyak sehingga membuat kuyup pohon beringin tua. Dari sini ia lalu ingat Pulau Bali yang pernah ia kunjungi sepuluh tahun silam. Ia lalu ingat Auke Sonnega, pelukis menyenangkan yang ia kenal dalam sebuah pameran. Ia mengenang, Sonnegalah yang memperkenalkan dirinya kepada Sukarno di Gedung Sticusa (Stichting Culturele Samenwerking), kawasan Molenvliet, Jakarta. Ia juga ingat, Sukarno dan Sonnega pernah menyarankan agar dirinya tinggal di Bali, kalau ingin jadi seniman sejati.

Esoknya Arie berkunjung ke kediaman Sonnega. Arie berkata bahwa ia kini punya uang banyak, hasil pameran di Plaju dan Balikpapan. Kini ia ingin ke Bali. Maukah Sonnega menemani? Sonnega sama sekali tidak menolak. Lalu, dengan kapal KPM (Koninklijke Paketvaart Maatschappij) Plancius mereka bertolak dari pelabuhan Tanjung Priok ke Buleleng. Arie dan Sonnega masing-masing membawa seorang pembantu pria. Sesampai di sana mereka menuju ke Kintamani, dan menginap di Hotel KPM, yang dimiliki perusahaan kapal yang ia tumpangi. Setelah beberapa hari mengagumi pemandangan, mereka berangkat ke Ubud.

"Kita mengikuti jejak Walter Spies dan Rudolf Bonnet saja," kata Sonnega kepada Arie. Sonnega sebelumnya sudah pernah tinggal di Bali, meski tak lama. Di Ubud pertama kali mereka menginap di Hotel Mutiara, lalu menyelinap di *home stay*, atau rumah yang disewakan penduduk setempat. Bahkan menyewa rumah di Banjar Taman, dan pindah lagi ke Banjar Dauh Tangkluk. Pada bulan-bulan pertama di Bali, Arie sering bertandang ke Desa Saba, yang dikenal sebagai pusat tarian legong kreasi koreografer mahir Anak Agung Raka. Semasa di Bali, Sonnega dan Arie bekerja sendiri-sendiri. Walaupun begitu, terkadang mereka janjian bertemu di suatu tempat.

Bagi Arie dan Sonnega, Desa Ubud adalah mitos. Ia sudah mendengar ihwal yang hebat-hebat dari desa ini, terutama dalam seni rupa, yang berkait dengan Pita Maha, perkumpulan seni yang menawarkan visi dan perubahan citra visual seni lukis tradisional Bali.

Pita Maha didirikan di Ubud pada 29 Januari 1936 oleh Rudolf Bonnet, Walter Spies, dan Tjokorda Gde Agung Sukawati. Pita Maha mulai aktif unjuk rupa pertama pada Maret dan April di tahun yang sama. Melalui dukungan I Gusti Nyoman Lempad serta Tjokorda Gde Raka Sukawati, Pita Maha sukses menjalankan tugas menambah paradigma seni lukis Bali. Maka seni lukis Bali yang semula hanya mengusung tema-tema klasik seperti pewayangan, mitologi, dan religi, berani merambah ke tema lebih modern yang merujuk pada paham sekular.

Pikiran "sekularisme artistik" ini menjadikan tema lukisan Bali sangat kaya, lantaran apa saja boleh dilukiskan. Gagasan apa pun sah untuk dipresentasikan, dengan pola bentuk yang tiada batas. Keberhasilan

Arie dan karyanya.

ini kemudian ditandai dengan lahirnya pelukis-pelukis tradisional progresif. Mereka tak hanya dari Ubud, tapi juga Batuan, Singaraja, Klungkung, Sanur, dan berbagai wilayah di Bali.

Tak hanya sekularitas tema yang menjadikan Pita Maha begitu dikenang. Faktor *romantic agony* dari setiap pelukis turut membawa perkumpulan ini selalu memiliki jiwa. Ihwal *romantic agony* itu memang selalu ditekankan sebagai sikap utama oleh Bonnet dan Spies, selaku pimpinan perkumpulan.

Romantic agony adalah sikap seniman yang keras mempertahankan prinsip sehingga sangat percaya pada kebenaran dirinya sendiri. Sikap ini menjadikan seniman merasa bahwa dirinya adalah panduan, panutan, serta menganggap karyanya sebagai suar kebenaran. Sementara gumpalan *romantic agony* seniman, sebagaimana berulang kali tertulis dalam sejarah, tak hanya dihiasi dongeng kekuatan dan kesukacitaan. Ia juga diburami suasana kenestapaan dan kesakitan yang akhirnya—dan anehnya—berkembang jadi bab besar yang seksi untuk diuar-uarkan. Sikap yang ditekankan Spies dan Bonnet ini sangat sejalan dengan karakter Arie.

Bab *romantic agony* pada dunia kesenian sering kali diposisikan sebagai bagian terpenting dari kosmologi. Bahkan kadang menjelma jadi halaman-halaman dominan yang menutupi eksistensi karya seni yang dihasilkan. Dari situ banyak orang jadi tahu, betapa sikap keras dan cerita duka lara seniman seperti Michelangelo dan Vincent van Gogh, misalnya, adalah loket utama yang mengajak jutaan orang untuk memperhatikan karyanya. Bonnet mengatakan bahwa mitos ini memang penting dipelihara dan disiarkan. Mungkin dengan cara dituliskan, diomongkan, diwacanakan. *Romantic agony* dianggap sebagai cara menahan karya cipta dalam keabadian.

Hampir semua anggota Pita Maha memiliki *romantic agony*. Persoalannya, apakah sikap dan kisah hidup itu berhasil disampaikan ke publik oleh orang dan lembaga yang mewarisi karyanya. "Apakah *romantic agony* itu bisa dijadikan jiwa yang menghidupkan kanvas-kanvas mati di hadapan kita," begitu Bonnet berkata.

Pita Maha adalah peristiwa seni rupa Bali pertama yang menyebabkan Arie dan Sonnega menuju Ubud, dan ingin berdiam di Ubud. Kendati demikian, Arie kemudian mengembara ke mana-mana karena Bali berisi hal unik dan istimewa di sekujur sisinya.

Sesungguhnya Bali kala itu juga agak meresahkan perasaan Arie. Waktu itu keamanan Bali berada dalam situasi buruk akibat gangguan gerombolan pemberontak yang tak puas dengan pemerintah pusat. Arie merasa terancam. Sebagai manusia, meski ia bekas tentara, rasa trauma terhadap pertikaian senjata sungguh tidak mengenakkan. Ia berkata dalam diri sendiri, akan mencoba bertahan dalam situasi buruk itu. Namun apabila terus begitu, ia akan hengkang. Cukup dua atau tiga bulan hidup di Bali. Setelah itu, dia akan pergi, kembali ke Bandung atau Jakarta.

Situasi keamanan Bali mulai kondusif ketika Pemerintah Pusat mengirim pasukan RPKAD (Resimen Para Komando Angkatan Darat) ke segala sisi Bali. Selain bertujuan membasmi gerombolan, pasukan

Pantai Sanur tahun 1957.

baret merah ini mengamankan proses pembangunan Istana Presiden di Tampaksiring. Kehadiran pasukan itu belum juga menenangkan hati Arie. Namun demikian, sampai dua bulan, tiga bulan, lima bulan, bahkan 20 bulan kemudian, Arie tak juga ingin balik ke Bandung atau Jakarta.

"Waduh! Bali diam-diam sudah menjerat hati saya," katanya.

Berbagai sudut pemandangan serta bermacam peristiwa upacara di Bali memang sudah menenggelamkan Arie ke dalam keterpesonaan. Dalam situasi mengkhawatirkan itu ia ternyata berani jalan ke mana-mana. Berbagai pura yang menjadi mitos di masyarakat diam-diam ia kunjungi, dengan berjalan kaki, bersepeda, atau angkutan umum yang kala itu amat jarang, walaupun tempatnya bisa nun jauh dari Ubud. Bermula dari Pura Pucak Kayogan di Campuhan, Ubud, ia merayap ke Pura Lempayung Luhur dan Pura Candi Dasa di Karangasem. Ke Pura

Gowa Lawah di Klungkung, ke Pura Teluk Biyu di Kintamani, ke Pura Tampaksiring di desa Manukaya, ke Pura Samuan Tiga di Desa Bedulu, sampai Pura Ponjok Batu di Tejakula. Arie menyebut kunjungan-kunjungan itu sebagai ritual: permisi, *toestemming*, agar oleh para Dewata ia boleh tinggal di Pulau Bali.

Di sela-sela perjalanan itu ia menyaksikan kebudayaan dan kesenian Bali, dalam bentuk upacara agama sampai penciptaan aksesorinya. Perhelatan Kuningan, Odalan, sampai Saraswati ia hayati sampai ke lubuk hati. Ia terpana. Betapa di Bali setiap enam bulan kalender Bali, atau 210 hari Masehi, ada perayaan kemenangan *Dharma* (kebenaran) yang sudah menaklukkan *Adharma* (kejahatan) lewat upacara galungan. Baginya, ini adalah hal abstrak yang dengan spektakuler diubah menjadi konkret. Apalagi presentasi ogoh-ogoh, penggambaran makhluk-makhluk jahat dalam bentuk patung, yang diarak untuk kemudian dibakar semalam sebelum upacara Nyepi. "*Is fantastisch*!" serunya. Hati Arie luruh ketika melihat upacara artistik pembakaran jenazah, atau *ngaben*.

Bali memang firdaus. Itu dibuktikan dengan apa yang terjadi pada Arie Smit. Semula ia hanya ingin bermukim 1-2 bulan saja di pulau itu untuk melukis. Tetapi realitas menunjukkan hal lain: Arie berdiam di Bali sampai sepanjang hayat.

Di Bali, Arie Smit berkenalan dengan seorang pencinta budaya yang memiliki pergaulan luas. Ia adalah James Clarence Pandy atau Jim Pandy. Lelaki ini semula aktif bekerja sebagai *guide* biro perjalanan Thomas Cook. Sebelum Perang Dunia II meletus, dia sering ditugaskan memimpin grup pelancong dari luar negeri ke Danau Toba (Sumatera Utara), Batavia, Bandung, Solo, Yogyakarta, sampai Bali. Turis-turis yang dibawanya umumnya berkategori kelas satu, yang pada waktu itu diartikan sebagai kaya, berpendidikan, dan memahami kebudayaan.

Perjalanan Pandy akhirnya berujung di Bali. Sebab, ketika Pearl Harbor dibombardir Jepang pada bulan Desember 1941, arus turis yang datang ke Bali sontak surut. Pandy serta-merta kehilangan pekerjaan. Dia kemudian memilih menetap di Pulau Dewata. Alasannya, suasana di Bali senantiasa bernuansa wisata, tak peduli ada turis atau tidak. Maka Bali dianggap memberikan rumah kepada *passion* kepariwisataan yang tak berkesudahan dalam jiwanya. Di sini ia memungut pekerjaan baru,

Arsitektur Bali, memukau Arie.

yakni sebagai sekretaris pasangan ilmuwan dari Amerika, Jack Mershon dan Katharane Mershon, yang berkantor di daerah Sanur. Jack adalah ahli antropologi, sementara Katharane penulis buku tentang Bali.

Pada 1947 Pandy dianjurkan untuk membuat galeri di Sanur oleh Rudolf Bonnet. Anjuran ini dikompori oleh Tjokorda Gede Raka Sukawati yang mengatakan bahwa dengan adanya galeri di Sanur, lukisan-lukisan dari Ubud bisa dipasarkan ke mana-mana. Karena pada kurun ini Sanur adalah satu-satunya pantai di Bali yang paling banyak dikunjungi turis. Lalu berdirilah bangunan berukuran 3 x 5 meter, yang di dalamnya terpajang sejumlah lukisan. Pada suatu ketika Presiden Sukarno berjumpa dengan Pandy. Pemimpin negara ini berkata bahwa *art shop* Pandy akan jadi tujuan wisata apabila digarap baik, dengan kondisi yang lebih memadai. Lalu dengan segala upaya, "warung lukisan" itu dikemas bagus dengan ruangan lebih besar. Pada 1952 berdirilah Art Gallery Pandy.

Pandy memang memiliki potensi besar sebagai pengusaha. Sementara latar belakangnya sebagai pemandu wisata, serta pengetahuannya yang luas dalam seni rupa, mengangkat galerinya menjadi rumah seni yang berbobot. Kecemerlangan ini tersosialisasikan dari mulut ke mulut. Hasilnya, berderet-deret orang intelek dan penting datang ke Galeri Pandy. Para pemimpin perusahaan asing seperti dari Goodyear, Ericsson, atau Shell, setiap datang ke Bali selalu mampir di galeri itu. Bahkan pernah ada 12 duta besar yang sedang beracara di Bali serentak mengunjungi galeri milik Pandy. Sebagian tentu sambil membeli.

Pandy pun jadi sosok pengelola seni yang terkenal. Ketika Nikita Krushchov dari Uni Soviet datang dan menginap di Sindhu Beach Hotel (karena Istana Tampaksiring belum selesai dibangun), Pandylah yang diminta untuk menghias kamar pemimpin dari negeri jauh itu. Pada 1957 Art Gallery Pandy sudah menjadi ikon wisata kebudayaan di Sanur. Pandy bercerita bahwa interior yang digarap memadukan unsur-unsur kebudayaan Rusia, Barat, dan Bali, dengan sentuhan Indonesia.

Arie takjub atas prestasi Pandy. Dia lalu menitipkan sejumlah karyanya di situ, seraya menunjukkan kliping-kliping koran yang menulis tentang dirinya. Pandy tak peduli dengan kliping sehingga potongan-potongan koran itu digeletakkan begitu saja di meja, dan bergesek-gesek terdorong angin. Arie sampai terburu-buru mengambilnya lagi. "Saya sudah membacanya, dulu," kata Pandy. Lukisan Arie langsung digantung di sisi yang bagus, berdampingan dengan karya Theo Meier dan Han Snel. Arie terkejut: hampir setiap minggu lukisannya terjual. Tak pelak, Pandy terdorong menawarkan diri sebagai agen lukisan Arie.

Art Gallery Pandy begitu moncer. Sampai Presiden Sukarno setiap di Bali selalu berusaha mampir ke galeri yang sesungguhnya sederhana

Kekacauan di Bali.

itu. Sampai pada suatu kali Presiden sangat terpikat kepada dua lukisan yang berjudul *Vrouwen uit Bali keren naar huis* dan *Bloemen en Beedjes*. Lukisan yang sesungguhnya di luar selera Presiden itu ternyata karya Arie Smit. "Arie Smit?" gumam Presiden. "Saya pernah mengenal pelukis ini beberapa tahun lalu, di Gedung Sticusa," katanya. Ketika Presiden berbelanja, Arie kebetulan sedang tidak ada di galeri. Ia sedang *ngelayap* ke Candi Dasa. Arie merasa sangat menyesal sekali. Namun lalu ia tahu dari Pandy, bahwa Presiden sesungguhnya kurang senang dengan lukisannya karena bentuknya deformatif dan cenderung bercorak abstrak.

Arie terus mengamati cara Pandy bergaul dan berbicara seni, sekaligus mempelajari tingkat apresiasi para tamu yang datang ke galeri Pandy. Arie selalu menyerap ilmu dari mereka yang datang. Selebihnya, Arie mempelajari bagaimana Pandy bisa berdekat-dekat dengan penduduk setempat sehingga bisa ramai-ramai didukung dan dicintai. Dengan begitu, Pandy juga mudah menambah koleksi galeri dengan lukisan-lukisan tradisional karya seniman dari Ubud, Batuan, Kamasan, Sanur, dan sebagainya.

Pada saat memiliki banyak uang, pada pertengahan 1957 Arie tiba-tiba mendapat instruksi dari pemerintah Indonesia. Warga negara Indonesia keturunan Belanda yang terdaftar pada 1950 diminta untuk mengonfirmasi surat kewarganegaraannya ke Pengadilan Negeri Jakarta. Perintah itu datang dari Jaksa Agung Muthalib Moro. Arie bersama Han Snel bergegas ke ibu kota. Setelah urusan surat selesai, ia lalu *blusukan* ke beberapa kota dan desa: dari Bandung, Yogyakarta, Solo, Madiun, Bangil sampai Surabaya. Di daerah ini mereka membuat sketsa, gambar, dan lukisan cat air.

Agar punya rumah untuk pulang, ia dan Snel menyewa rumah di Gadog, kawasan Bogor yang sejuk, selama 99 hari. Keduanya mengobrol dan melukis bersama di rumah itu dalam suasana rukun. "Udaranya seperti *zomer* di Zaandam," kata Snel bercanda. Arie membenarkan. Hasil karyanya ia pamerkan di rumah teman-temannya sesama "ekspatriat", yang berdarah Belanda, Jerman, dan Italia, sekadar untuk mengekspresikan kesenimanannya, dan sekaligus bersilaturahmi.

Persahabatan dengan Snel semakin terbina sekembalinya ke Bali. Pada 1958 Arie bahkan berdiam beberapa lama di rumah Han Snel, di daerah Mengwi. Sehamparan tempat yang oleh Arie dianggap menawarkan banyak inspirasi magis. Apalagi di situ ada pura tua, dengan pohon beringin yang bikin merinding orang asing.

Membidani "Young Artist"

Pada 1960 Arie diundang oleh Tjokorda Agung Sukawati untuk mencoba tinggal di bekas rumah Walter Spies, di Campuhan, Ubud. Diceritakan bahwa rumah yang berstatus bungalo itu memiliki sejarah yang manis. Spies menciptakan adikarya di serambi rumah itu. Spies mencatat gubahan musik dan tarian juga di serambi rumah itu. Bahkan rumah ini pernah disinggahi, bahkan diinapi oleh pesohor dunia. Dari penulis dan peneliti kampiun Vicky Baum dan Baron Victor von Plessen, sampai komedian Charlie Chaplin. "Rumah Spies" yang menghadap sawah luas itu kelihatan sangat nyaman setelah direnovasi di sana-sini, dan cocok untuk dijadikan hunian seniman. Arie menerima tawaran itu dengan kegembiraan yang bukan main. Ketika berada di serambi rumah inilah Arie berpikir: ingin berkontribusi ke masyarakat Bali, seperti Spies da Bonnet.

Pada tahun itu Arie mencari anak yang ingin belajar melukis. Diketemukanlah Nyoman Tjakra, anak Dusun Penestanan, yang kala itu berusia 13 tahun. Tjakra dilatih dengan telaten di serambi Spies. Pada saat itulah Tjakra bercerita bahwa di dusunnya sangat banyak anak-anak yang tidak bersekolah karena keluarganya sangat miskin. Setiap hari tak berbaju, dengan pekerjaannya menggembala itik. Arie terpana. Ia memang sudah melihat kenyataan itu sejak lama. Lalu Arie menggagas sesuatu yang lebih besar. Ia ingin melatih melukis anak-anak Penestanan itu. Ketika pada suatu kali Menteri Ali Sastroamidjojo yang didampingi Putu Merta (Ketua Dewan Perwakilan Rakyat Daerah Bali) berkunjung ke "Rumah Spies", Arie mengemukakan gagasannya. Ali mendukung seratus persen sambil mengatakan, "Cepat laksanakan!"

Lalu anak-anak Penestanan yang miskin dan nyaris tidak memiliki harapan itu pun dikumpulkan. Namun usaha Arie tak terlampau mulus. Oleh karena anak-anak itu bekerja sebagai penggembala itik, para orang tua menuntut Arie agar mencarikan pengganti penggembala itik. Arie setuju. Ia pun keliling dusun mencari orang dewasa yang mau bekerja untuk itu, dengan bayaran yang memadai. Lalu terkumpullah belasan anak. Setiap minggu murid Arie banyak. Dengan begitu perlengkapan melukis yang disediakan juga harus semakin bertambah. Termasuk meja dan kursi. Lalu Arie pun meminta penduduk setempat untuk membuat 40 meja dan kursi, yang kemudian ia beli dan dipergunakan untuk mencipta lukisan.

Perkumpulan yang sama sekali tidak memungut biaya ini ia namai "Young Artist", lantaran anggotanya berusia muda belia: 10–14 tahun. Arie Smit menjadi sangat dihormati sehingga dipanggil sebagai "Tuan Semit", seperti halnya Rudolf Bonnet yang dipanggil "Tuan Bonet" dan Water Spies dengan "Tuan Tepis".

Aktivitas perkumpulan sudah bergulir. Setiap hari mereka berlatih. Setiap hari pula Arie, yang sudah meninggalkan "Rumah Spies", berada di antara anak-anak itu. Lalu untuk menjadikan dirinya semakin akrab

Arie mengajar melukis.

dengan komunitas, ia berkehendak tinggal di Penestanan. Lalu, di atas tanah yang disewakan oleh seorang penduduk, ia membangun rumah kecil di sana. Dengan adanya Tuan Arie di dekatnya, anak-anak semakin bergairah untuk berlatih. Arie pun membuat program-program menarik untuk mereka.

Pada hari-hari tertentu belasan anak-anak itu diajak mengunjungi tempat-tempat yang amat memikat di luar Ubud. Bahkan juga ke Kintamani dan Sanur. Semua tujuan ditempuh dengan kendaraan umum, yang kemudian dilanjutkan dengan jalan kaki. Meski sebagian besar tidak memakai alas kaki, tidak ada tujuan yang terlewati, dan tak ada anak-anak yang mengeluh. Pada 1961 Hotel Campuhan, Ubud diresmikan oleh Tjokorda Agung Sukawati dan Bupati Gianyar, Tjokorda Ngurah, dengan didahului upacara *mecaru.* Kala itu keberadaan perkumpulan Young Artist diumumkan ke publik dan sangat dipuji peranannya. Young Artist pun semakin terkenal.

Arie bersama beberapa anggota Young Artist.

Dari sini kemudian muncul nama murid-murid periode pertama yang kelak namanya menonjol, seperti Ketut Soki, Nyoman Londo, Wayan Pugur, Ketut Tagen, Made Sinteg, Gusti Ngurah K.K., Nyoman Gerebig, dan Made Lasir. Dan tentu Nyoman Tjakra.

Anak-anak tersebut dididik untuk melukis secara spontan, tanpa perlu mengingat patron-patron seni tradisional Bali yang acap kali mereka lihat. Lantaran patron dianggap bisa menjebak anak-anak untuk jadi penduplikat belaka dari seni lukis orang-orang dewasa. Arie juga mengajak anak-anak Bali untuk melukis sesuai dengan jiwa kanak-kanaknya. Warna dimaktubkan selaras dengan ekspresi anak-anak, bebas tanpa batas. Anak-anak diharapkan melihat realitas, namun tidak pernah merepresentasikan realitas. Sementara tema-tema yang boleh dipungut dari kehidupan sehari-hari, seperti upacara di pura, sampai keasyikan menggembala itik di sawah-sawah basah. Tetapi juga boleh diambil dari fantasi dan imajinasi. Basis pengetahuan tentang seni anak-anak itu ia pelajari dari perpustakaan Rina Marsman di Bandung dulu.

Arie mengajari mereka melukis di atas kanvas, dengan cat minyak. Cat diaduk padat, hingga menghasilkan warna-warna yang kuat dalam komposisi blok-blok dan disusun secara dekoratif. Garis-garis ditawarkan sebagai kontur yang menyampaikan bentuk global dari figur-figur, angkul-angkul, aneka hewan, anyaman janur untuk *bebanten,* dan sebagainya.

G.M. Sudarta menulis begini dalam buku *Seni Lukis Bali Dalam 3 Generasi*:

"Arie Smit ingin menyangkal anggapan orang bahwa tidaklah ada gunanya memberikan cat kepada anak-anak. Untuk membantah itu, dia kumpulkan anak-anak dalam setiap minggu. Kepada mereka dia bagikan cat dan kanvas, dan dibiarkan mereka melukis sesuka hatinya. Menurut pengakuan Smit, cara mendidiknya berbeda dengan Rudolf Bonnet. Bonnet mendidik dengan memberikan coraknya sendiri kepada pelukis-pelukis Bali. Sedangkan Smit tidak mau memberi petunjuk ini-itu, melainkan membimbingnya ke arah kebebasan mencipta. Sehingga ekspresi mereka keluar sendiri. Hasilnya sungguh menakjubkan..."

Gaya Young Artist membiak luar biasa dalam dunia seni lukis Bali. Jika pada awalnya hanya belasan, lalu jadi empat puluhan, pada tahun-tahun selanjutnya menjadi hampir seratus. Tak hanya anak-anak, orang-orang dewasa yang tiba-tiba merasa berbakat, turut melukis dan ternyata bisa. Walau begitu, tidak semua menghasilkan lukisan yang orisinal. Mereka yang berkemampuan melukis, namun tak sanggup melahirkan ide lukisan, hanya menjiplak dari karya-karya sejumlah teman. Arie membiarkan semua itu. Bukankah pujangga Jerman Wolfgang von Goethe mengatakan bahwa dalam seni lukis, menjiplak pun dikategorikan mengerjakan karya cipta? Ini berbeda dengan jiplak sastra.

Yang mengejutkan, lukisan-lukisan Young Artist diam-diam merebut pasar. Berbagai *art shop* memajang lukisan Young Artist sebagai dampak dari minat orang untuk membeli. Uang mengalir ke lumbung kering Dusun Penestanan. Lalu, dusun yang tadinya miskin dan hanya berisi lumpur sawah dan itik-itik, kini menjelma menjadi desa yang mempunyai banyak hal. Anak-anak yang semula tidak sekolah, akhirnya bisa menenteng buku menemui bapak dan ibu guru. Sepulang dari sekolah, mereka melukis dan melukis lagi. Di sela-sela mengajar, Arie juga melukis. Bahkan terkumpul banyak sehingga bisa digelar dalam pameran tunggal di Kedutaan Besar Italia, pada medio Februari 1962. "Heboh anak-anak merangsang saya produktif mencipta," katanya.

Dusun Penestanan telah menemukan eksistensinya yang elok. Arie merasa cukup waktu bermukim di situ. Pada awal 1963 ia keluar dari dusun, dan pindah ke bekas rumah Auke Sonnega di Puri Kaleran, Ubud, yang disewa dari Tjokorda Manuaba. Rumah ini nyaman dan cukup luas, serta memiliki ruang khusus untuk studio. Bahkan punya *balai patok*, yang bisa menampung anak-anak Penestanan kala mereka ramai-ramai berkonsultasi seni. Di balai ini pula Arie menyambut sejumlah saudagar lukisan yang berkehendak memasarkan lukisan-lukisan Young Artist ke penjuru dunia.

Pada Maret 1963, masyarakat Bali sedang mempersiapkan perayaan Eka Dasa Rudra. Upacara akbar ini dilakukan 100 tahun sekali berdasarkan kalender Bali. Upacara diselenggarakan di Pura Besakih, yang terletak di lambung Gunung Agung. Namun tiba-tiba Gunung Agung meletus pada 3 Maret 1963, Minggu dini hari. Kemarahan Gunung Agung ini konon karena masyarakat Bali keliru dalam menghitung penanggalan tahun Saka. Ini lantaran Eka Dasa Rudra, yang ditradisikan sejak era Sri Maharaja Tapolung bertahta di Bedulu abad ke-14, seharusnya jatuh pada Maret 1979.

Bali pun lumat, dengan selimut abu yang mengerikan. Arie sedih bukan kepalang. Apalagi ketika ia merasakan betapa Bali pelan-pelan tidak lagi didatangi turis. Bagi Arie yang jauh dari puritan, realitas itu diprediksi akan berdampak tergerusnya pembeli lukisan-lukisan Bali.

Arie terus menyemangati anak-anak asuhnya. "Terimalah dengan ikhlas apa yang diberikan Sang Hyang Widhi Wasa." Arie mengatakan, musibah bisa menjadi pendorong kreativitas. Para pelukis Young Artist pun terus mencipta di sela-sela angin panas dan debu yang selama berminggu-minggu mengganggu kehidupan. Dari situ lahirlah lukisan-lukisan yang mendokumentasi bencana dahsyat itu. Yang paling diingat Arie adalah karya Made Djeger, *Meleduknya Gunung Agung*, yang menggambarkan momen gunung meletus, dengan penduduk yang kaget, berlarian, lemas, dan mati. Atas lukisan bocah 13 tahun ini Arie memberikan inskripsi berbentuk syair dalam bahasa Belanda, yang terjemahan bebasnya seperti ini:

> "Meleduknya Gunung Agung"
> Orang-orang mati di sungai mengalir,
> pohon-pohon rubuh diseret ke hilir.

Batu-batu, dilontar tiba-tiba dari gunung
Panasnya bikin manusia perlaya
Helikopter bersiaga di atasnya.

Arie lalu membandingkan lukisan berukuran 20 x 28 cm ini dengan gambarnya sendiri, yang dibuat pada 1946, kala ia bersama peleton KNIL ditugaskan NICA meneliti Gunung Agung dan Besakih. Dulu Gunung Agung seperti ibu sejahtera, sabar, dan hangat memeluk Bali. Kini sang gunung bagai ayah yang sedang murka, sambil memberi peringatan rahasia.

Namun ia bersyukur, sekaligus merasa heran, karena ternyata musibah ini tidak menyentuh pasar seni lukis Young Artist. Atas permintaan berbagai *dealer*, lukisan-lukisan Young Artist dipasarkan dan dikirim ke luar negeri. Belasan bulan selama Bali terkubur abu, pengiriman itu berlangsung. Hal ini berarti, selama belasan bulan yang menyedihkan itu, para pelukis Young Artist dipacu untuk produktif mencipta. Lalu sejarah Bali menulis dengan tinta emas: musibah Gunung Agung memang menyebabkan Bali jadi kelam. Namun dusun Penestanan satu-satunya yang hadir jadi lampu penerang.

Gunung Agung meletus, Minggu 3 Maret 1963.

Sudah sembilan bulan Arie memacu anak-anak Penestanan untuk tak henti berkarya di tengah sisa-sisa bencana. Dia merasakan bahwa sukses belaka yang didapat. Pada akhir tahun 1963 ia berencana membuat acara syukuran di Penestanan. Dia segera mengabarkan hasrat ini kepada sahabat seperjalanannya, Auke Sonnega, yang dikabarkan sedang sakit. Pelukis ini sudah pulang ke Scheveningen, Belanda, lantaran urusan politik. Namun baru saja kartu pos itu dikirim, ia mendapat kabar bahwa Sonnega tutup usia, pada 19 Desember, dalam usia 53 tahun. Arie berduka. Rencana pun dibatalkan.

Tahun 1965, tanggal 1 Oktober terjadi pembunuhan para jenderal Angkatan Darat di Jakarta. Situasi keruh. Banyak orang menyebut peristiwa ini sebagai Gestok (Gerakan 1 Oktober). Namun pemerintah Indonesia menamakannya dengan peristiwa G-30-S (Gerakan 30 September), karena perencanaannya dibikin pada tanggal itu. Pemerintah juga menegaskan bahwa tragedi perebutan kekuasaan ini didalangi PKI (Partai Komunis Indonesia). Kudeta itu gagal. Politik Indonesia segera jadi sangat keruh. Perekonomian langsung runtuh ke dasar-dasarnya.

Bali hangus, 1963.

Pada 11 Maret 1966 Radio Republik Indonesia menyiarkan bahwa Presiden Sukarno menyerahkan pengamanan pemerintahan kepada Mayor Jenderal Soeharto. Arie mendengarnya dengan pedih dan sekaligus khawatir. Tidakkah Indonesia menjadi semakin *chaos*? Dada Arie semakin sesak ketika berita politik itu disusul berita duka keluarga. Ayahnya, Johanes Hendrikus Smit, meninggal pada 27 Maret. Arie pun yatim-piatu, karena ibunya telah wafat pada 6 tahun sebelumnya.

Sebelum dan sesudah penyerahan kekuasaan, orang-orang komunis atau yang dituduh komunis menjadi sasaran perburuan dan pembunuhan pembalasan. Banalisme ini tak hanya terjadi di Jakarta atau Jawa, namun juga Bali. Perkaranya, Bali semula dianggap aman sehingga banyak orang Jawa yang berpindah sementara ke Bali untuk menghindari kemelut. Kepindahan ini ditengarai sehingga pengejaran juga berlangsung di Bali. Sementara di Bali sendiri penganut PKI juga tidak sedikit. Alhasil beberapa daerah di Pulau Dewata pun menjadi berdarah-darah.

Arie mendengar bahwa Toko Wong yang terletak di Jalan Manggis, Desa Lelateng, Kabupaten Jembrana, sudah dijadikan rumah penyekapan orang-orang PKI yang akan dibunuh. Ia juga mendengar berita bahwa setiap kali terlihat truk-truk besar membawa orang-orang pesakitan itu ke hutan atau tepi pantai untuk dibantai. Ia juga mendengar dengan jelas bahwa pembantaian sudah terjadi di mana-mana. Di Negara, Tegalbadeng, Brambang, Blahbatu, Pantai Saba, Pantai Baluk Rening, Karangasem, Gianyar. Apa-apaan ini? Arie sungguh merasa ngeri.

Dari Kesiman, dia kembali ke Ubud dan tinggal di kawasan Campuhan. Ini ditempuhnya agar dekat dengan masyarakat Penestanan, serta bisa mencurahkan hati dengan teman-teman ekspatriatnya, seperti Han Snel dan Antonio Blanco. Hati Arie semakin tenteram ketika Camat di situ menjamin bahwa Ubud akan bebas dari kontaminasi politik buruk yang dibawa oleh Jakarta. Dalam situasi yang menggelisahkan itu sang Camat bahkan menyenang-nyenangkan serta menawari Arie untuk memakai bekas studio Rudolf Bonnet sebagai ruang pameran tetap lukisan-lukisan Young Artist. Benar, pada 1966-1967 situasi di Ubud tetap tenteram. Tak ada politik, tak ada tentara yang siap perang, tak ada sipil yang membawa kelewang dengan wajah-wajah berang.

Rudolf Bonnet, yang kala itu sudah berada di Laren, Belanda, mendengar tenteramnya situasi sosial-politik di Ubud. Sekaligus ia juga memantau prestasi luar biasa para pelukis Young Artist, yang selama beberapa waktu terakhir memajang karya di bekas studionya. Ia lalu minta dikirimi puluhan lukisan Young Artist pilihan untuk dipamerkan di Bebleotheek, Kaufinanns, Pittsburgh, sebagai bagian dari Oriental Promotion. Ini adalah jalan untuk pameran selanjutnya, yang dilakukan di Utrecht, Belanda, dan Hamburg, Jerman, pada 1968. Arie *happy* melihat reputasi "anak-anak"-nya.

Ombak besar politik berhasil dilalui. Beberapa tahun setelah itu muncul sejumlah kolektor besar lukisan Young Artist. Di antaranya adalah Datuk Lim Chong Keat, seorang arsitek yang masih bersaudara dengan seorang petinggi negara di Penang, Malaysia. Datuk Lim memiliki rumah tak jauh dari kediaman Arie di Penestanan. Dan lelaki ini selalu mengamati kegiatan Arie, sekalian melihat perkembangan sosial sampai seni anak didik Arie. Dari anak-anak yang hanya memegang sebatang bambu untuk menggembala itik, sampai anak-anak yang bergairah memegang kuas serta memoleskan cat. Dari kertas kosong, sampai kanvas berwarna-warni yang berpigura.

Datuk Lim diam-diam mengoleksi ratusan lukisan Young Artist. Pada tahun 1971 ia memamerkan koleksinya di National Museum Singapura dalam tajuk *Peasant Painters from Bali.* Pameran ini menunjukkan bahwa ia tak hanya terpikat kepada lukisan-lukisan Bali yang naif, lucu, cerah, gembira, dan bernuansa optimistik itu. Namun juga terpesona kepada nilai kegairahan anak-anak Penestanan, yang bermuara kepada kreativitas nan hebat. Oleh karena itu yang jadi subyek pameran itu adalah "*painter*"-nya, bukan hanya "*painting*"-nya. Setelah penyelenggaraan pameran itu Datuk Lim semakin dekat dengan lukisan-lukisan Young Artist. Ia tak henti mengumpulkan sehingga di tangannya terhimpun begitu banyak. Pada Desember 1983 ia menyelenggarakan pameran lagi di National Art Gallery Kuala Lumpur, Malaysia, yang terletak di Jalan Ampang 109. Pameran ini berjudul *Peasant Painters from Penestanan Ubud Bali: Painting from The Collection of Datuk Lim Cheong Keat.*

Dalam katalog, Datuk Lim membuat tulisan panjang yang apik dan impresif. Berikut ini adalah petikannya, dari bagian yang berjudul Nota

Datuk Lim Chong Keat dan Arie.

Penghimpun. Dikutip sesuai dengan bahasa aslinya:

"Lukisan-lukisan yang dipertunjukkan di pameran ini adalah sebagian besar dari himpunan yang telah saya kumpulkan sejak tahun 1969, dan ia mewakili sebagian besar dari contoh-contoh karya Pelukis-Pelukis Desa dari Penestanan Kaja dan Kelod. Kepada sesiapa yang mengenali Pulau Bali, lukisan-lukisan ini tidaklah mengikuti gaya tradisional seni lukis Bali di mana terdapat banyak sekolah yang mengajar tradisi ini. Walau bagaimana pun, memandangkan kepada ini, lukisan-lukisan yang dibuat oleh pelukis-pelukis desa dengan secara belajar sendirian ini, adalah contoh-contoh lukisan '*naive*' yang sangat kuat dan masyhur di seluruh dunia. Saya tidak ragu untuk menyatakan lukisan-lukisan ini paling berwarna dan adalah satu peninjauan yang tetap tentang tamadun desa yang maju di Bali.

Semasa lawatan saya yang pertama, saya berkenalan dengan beberapa orang pelukis yang dikenali sebagai 'Pelukis-pelukis Muda' melalui Tjokorda Alit dan Pak Geria pemanduku.

Di antara pelukis-pelukis yang pertama saya ketemui ialah Pugur, Runia, dan Punduh. Saya tidak membeli apa-apa lukisan semasa itu, cuma mengambil beberapa sisip warna (*slides*) karya-karya mereka. Semasa lawatan saya yang kedua, kerana sudah tertawan dengan lukisan-lukisan itu, saya bukan sahaja telah memperolehi beberapa buah lukisan, tetapi telah berjanji untuk menolong menguruskan pameran lukisan mereka di luar negeri. Akhirnya pada bulan Desember 1970, pameran ini diadakan di National Museum Singapura dengan tajaan Institute of Southeast Asian Studies dan Syarikat Penerangan. Dengan kemurahan hati penaja-penaja ini, kami dapat mengundang Pugur,

Sekar, dan kumpulan pemain Wayang Kulit yang lengkap, yang telah menyerikan suasana.

Pameran ini mendapat sambutan yang baik hingga kesemua lukisan telah dapat dijual. Berikut dengan ini beberapa pameran telah diuruskan di beberapa tempat. Termasuk pameran tahunan di Alpha Gallery Singapura. Katalog-katalog pameran yang pertama keluaran National Museum Singapura dan Alpha Gallery pada Desember 1971, telah menjadi rebutan peminat-peminat seni di Bali, hingga dijual lebih dari US$ 10 tiap-tiap satu. Saya berasa puas hati kerana nota-nota yang telah saya tulis untuk katalog itu dapat menolong mengenalkan kumpulan yang tidak siapa kenali. Mereka kemudian dengan bangga telah menggunakan nama Desa Penestanan di dalam karya-karya mereka.

Satu lagi rencana di dalam katalog keluaran tahun 1970 ialah pendahuluan ringkas oleh almarhum Tjokorda Gde Agung Sukawati dari Ubud. Tjokorda meninggal dunia pada bulan Juli 1978 dan pembakaran mayatnya berlangsung pada 31 Januari 1979. Pembawa-pembawa jenazah untuk pembakaran mayat ini adalah penduduk-penduduk dari sekitaran Ubud, termasuk pelukis-pelukis desa. Untuk mengingati peristiwa ini, mereka telah menghasilkan lukisan-lukisan mengenai pembakaran mayat ini. Kumpulan asal penuntut-penuntut Arie Smit sekarang sudah pun matang dan berkeluarga...."

Jauh sebelum pameran di Singapura dan Malaysia, pada 1964 puluhan lukisan Young Artist dipamerkan di Museum of Modern Art di San Francisco. Kemudian oleh Smithsonian Institution, lukisan-lukisan itu dikelilingkan ke berbagai sekolah menengah di Amerika Serikat, selama 6 bulan. Pantas dicatat: pameran-pameran Young Artist yang bergairah ini tidak dicatat sebagai peristiwa seni penting dalam publikasi seni rupa di Indonesia sehingga terlewat dari pandangan.

Di luar urusan Young Artist, kehidupan kesenimanan Arie Smit di Bali menemui momentum. Bali telah total jadi firdausnya. Pada 1970-an ia menempuh hidup bagai nomaden, pindah dari satu tempat ke tempat lain seperti kutu loncat. Seperti Dusun Nyuhtebel di Karangasem, Pantai Candi Dasa yang senyap. Lalu pindah lagi ke Ubud, lompat ke Sanur, bergeser ke Kesiman, balik ke Singaraja, muncul di Nyuhtebel lagi, dan kembali ke Ubud lagi. Ia terus beringsut dari pelosok ke pelosok.

Dalihnya: mencari tempat sunyi, tempat cahaya matahari tenang turun ke bumi, sambil menghindari publikasi.

Pada 1971 ia mendapat kabar bahwa ada paket spesial perjalanan murah ke Eropa. Snel dan Pandy mengatakan, bodoh kalau Arie tidak menggunakan kesempatan itu. Arie pun berangkat. Ia menggunakan perjalanan ini untuk menyempatkan diri pulang ke kampung halaman. Arie pun terbang dari Denpasar ke Brussel dengan *charter-flight* New Caledonian. Sudah 20 tahun ia tidak ke Eropa, dan tidak melihat tujuh saudaranya di Belanda. Lalu kegembiraan itu pun disongsong bersama Emilio Ambron, pelukis dan peneliti asal Firenze, Italia, yang pernah 30 tahun lebih berada di Bali. Emilio memang sedang merancang perjalanan pulang dari kunjungan kangen ke Bali.

Lukisan Made Djeger, "Meleduknya Gunung Agung"

"Bali, Memori 1963", 1992, karya Arie Smit.

Arie telah sampai di Rotterdam. Bersama kakak ipar yang menyetir mobil apiknya, Arie menelusuri Sungai Rhine, melihat Aachen, Koblenz, Mainz, Speyer. Juga Worms, yang sedang menggelar pameran amat bagus, *Luther the Reformist.* Melalui Saint Bernard Pass mereka mampir ke Italia, berkunjung ke *estate* milik Emilio Ambron, yang tempo hari terbang bersama-sama. Arie heran, bagaimana seniman ini bisa punya hutan puluhan hektar dengan kompleks perumahan yang bagus dan serba artistik. Arie juga takjub ketika tahu bahwa Emilio punya perpustakaan yang berisi enam ribu buku.

Perjalanan murah ini ia ulangi pada 1973, dengan paket yang ditawarkan UTA (Union de Transports Aeroniens, milik Prancis) yang bertrayek Jakarta-Pnom Penh-Paris. Arie berminat berangkat lagi semata-mata untuk menikmati berbagai museum. Ini berbeda dengan perjalanan sebelumnya yang menyandang misi: sanak saudara.

Mencuri Matahari Setiap Kali

Di Bali, Arie cukup produktif dibanding pelukis-pelukis lain. Karyanya dinilai banyak orang semakin bagus. Sementara bagi Pandy, pemilik galeri yang jadi sahabatnya itu, lukisan Arie dianggap semakin punya magnet komersial yang lumayan. Selama hampir 15 tahun lukisan Arie dipasarkan, ada saja kolektor yang memboyongnya dari pajangan. Arie dianggap pelukis yang mengerti manajemen galeri, berkomitmen, *zakelijk*, selalu berterus terang atas apa yang akan dan sudah ia lakukan. Untuk memberi kompensasi, pada 1972 Pandy mengajak Arie jalan-jalan ke beberapa negara di Asia selama sebulan. Tujuannya adalah Hongkong, India, Srilanka, bahkan Muangthai dan Burma, tempat Arie kerja paksa pada zaman Jepang. Pandy berjanji membiayai. Arie senang mendengarnya.

Tamasya berlangsung sukses, sampai keduanya balik ke Bali dengan gembira dan sehat. Arie pun merasa berutang budi kepada Pandy. Lalu ia pun menghadiahkan dua lukisan cat minyak kepada Pandy. Oleh Pandy lukisan itu langsung dipajang di galerinya. Belum genap seminggu lukisan-lukisan tersebut sudah raib. Arie bertanya dengan bangga, "Hei, ke mana lukisanku? Pasti sudah kau pindahkan ke rumahmu. Atau kau sudah punya vila baru?" Pandy menjawab santai: Sudah dibeli tamu Hungaria, yang pada 15 tahun sebelumnya pernah diajak Menteri Ali Sastroamidjojo ke sini. Harga totalnya setara dengan 1,5 kali perjalanan murah ke beberapa negara Asia. Arie menepuk dahinya sendiri.

Arie Smit dan Young Artist adalah sejoli sejarah. Setelah memasuki pertengahan 1970-an, Arie sudah tidak mengurusi Young Artist. Arie menganggap para pelukis Young Artist sudah sanggup jalan sendiri. Berkreasi dengan kepenuhan pribadi, dan mencari pasar sendiri. Yang dulu anak-anak kini sudah dewasa. Mereka juga telah melahirkan pelukis-pelukis Young Artist baru yang bukan main banyaknya. Ketut Soki menyebut, pada sekitar tahun 1975 sudah ada sekitar 400 pelukis menganut mazhab Young Artist. Mereka bukan dari Penestanan saja, tapi dari segala penjuru Kabupaten Gianyar.

Itu sebabnya Arie bisa menyempatkan diri ikut pameran bersama. Di antaranya pameran bersama Rudolf Bonnet, Donald Friend, Antonio Blanco, dan Han Snel di Bali Beach Hotel di Sanur, Bali, pada Agustus 1975. Pameran berjuluk *Art of Western Painters Living in Bali* itu menegaskan eksistensi para pelukis Barat pendatang di Bali. Jajaran karya ini menggoda para pengamat dan kritikus seni rupa asing untuk cermat memperhatikan. Seni lukis modern "Barat bertema Bali" diperbandingkan dengan seni lukis modern "Indonesia bertema Bali", sambil ditelisik hubungannya dengan seni lukis tradisional karya bumiputra Bali.

Anehnya, kritik seni rupa Indonesia kala itu tenang-tenang saja, seperti tidak melihat apa-apa. Sejarah seni rupa Bali tampaknya tidak dianggap sebagai bagian dari sejarah seni rupa Indonesia. Dan karya-karya Arie otomatis luput dari hitungan. Arie mengatakan, wajar apabila dirinya tak diperbincangkan karena ia nyaris tak pernah muncul dalam pameran itu. Namun teman-temannya dan hasil karyanya keterlaluan apabila luput dari ekspos pengamat dan pers. Konon Arie hanya dua kali muncul, sampai Bob Hargrove, *general manager* hotel, ingin menegurnya.

Kala itu Arie memang sedang tidak bermukim di Sanur, meskipun pada tahun-tahun selanjutnya kembali ke Sanur. Pada 1979 misalnya, ia ditengarai berdiam di sebuah rumah studio, yang sebelumnya ditempati oleh pelukis terkenal Agus Djaya.

Arie berkarya.

Di sela-sela kesenangan dan ketenangan berpindah-pindah itu, ada sebuah momentum yang dirasa sangat mendalam bagi Arie Smit. Itu terjadi tahun 1981, ketika ia diminta oleh UNHCR (United Nations High Commisioner for Refugees), badan pengurus pengungsi yang berpusat di Geneva. Lembaga di bawah naungan PBB (Perserikatan Bangsa-Bangsa) ini meminta Arie untuk mengajar melukis anak-anak yang jadi pengungsi di Pulau Galang, Kepulauan Riau. "Aha. Ini pekerjaan gila," kata Arie.

Pulau Galang adalah sebuah pusat pengungsian yang dibentuk berdasarkan pertimbangan peri kemanusiaan sejak 1975. Kamp ini menampung para pengungsi asal Vietnam, Laos, dan Kamboja yang terancam jiwanya apabila mereka tetap tinggal di negaranya. Persoalan pengungsi ini bermula dari kekalahan perang Vietnam Selatan (yang didukung Amerika Serikat) melawan gerilyawan komunis yang dibantu Vietnam Utara. Mereka yang mendukung Vietnam Selatan inilah yang lari dan mengungsi ketika negerinya jatuh ke tangan kaum komunis, dan kemudian dikuasai pemerintahan Vietnam Utara.

Awalnya banyak negara yang bersedia menjadi negara tujuan para pengungsi ini. Namun negara-negara itu membatalkan penerimaannya ketika mendengar desas-desus bahwa arus pengungsian itu diorganisasi oleh Vietnam sendiri, yang ingin mengurangi jumlah penduduknya. Penolakan ini jelas menyulitkan PBB. Untung Indonesia bermurah hati menyediakan sebuah pulaunya. Setelah diproses, Indonesia berhasil memukimkan kembali 248.000 orang Vietnam ke negara ketiga, seperti ke Amerika Serikat, Kanada, Australia, dan beberapa negara di Eropa.

Anak-anak para pengungsi itu diajak menekuni seni lukis oleh Arie. Konsepnya bukan menjadikan mereka seniman, namun lebih sebagai terapi. Agar mereka bergembira, agar mereka tahu, bahwa dirinya memiliki kemampuan tertentu. Arie bekerja di sini selama satu setengah bulan. Dari sekitar 200 anak yang merupakan bagian dari 16.000 pengungsi itu Arie menemukan sekitar 80 yang berbakat melukis. Yang mengejutkan, setelah didata, anak-anak itu bukan cuma berasal dari Vietnam, tetapi juga dari Laos, Burma, dan Kamboja!

Arie menganalisis, lukisan-lukisan anak Vietnam berwatak ekspresif dan agresif, seperti gambar anak-anak Bali. Sementara lukisan anak Kamboja biasanya lembut, dekoratif, seperti gambar anak-anak Jawa. Arie bahagia ketika melihat beberapa lukisan anak asuhannya dipakai sebagai ilustrasi kartu ucapan Hari Natal dan Tahun Baru terbitan UNHCR. Kartu itu dijual di seluruh dunia untuk menggalang dana.

Keterlibatan Arie dalam proyek sosial internasional ini tak pernah diketahui oleh publik seni rupa, apalagi wartawan kesenian. Karena Arie memang berangkat dan bekerja dalam diam, dan pulang juga diam-diam. Sejumlah pelukis Penestanan malah menduga-duga keberadaan Arie dalam berbagai versi. Arie sedang nyepi di Singaraja, bersembunyi di Dusun Keliki, atau sedang sakit, entah di mana. Abdul Azis, pelukis

Jawa yang berdiam di Bali sejak 1966, berkelakar bahwa Arie sedang semadi di Goa Gajah.

Arie pulang tugas dengan besar hati, sekaligus dengan pikiran yang semakin mendalami kehidupan. Peristiwa manusia seperti poleng, bisik hatinya. Sewaktu-waktu putih, sewaktu-waktu hitam, *rwa binneda*. Keseimbangan selalu hadir. Meski kadang kesedihan lebih terasa hadir dominan. Dan kesedihan itu semakin bertambah ketika ia tahu bahwa James Clarence Pandy, sahabat dan "agen terbesar" lukisannya itu berpulang. Maka pada 1982 Art Gallery Pandy di Sanur secara otomatis tutup.

Di Bali Arie terus melompat-lompat ke berbagai tempat. Sehingga kadang ia digambarkan orang seperti ninja yang mendadak muncul di suatu tempat, tanpa dikenali wajahnya. Beroperasi di situ. Beres, dan kemudian pergi lagi. Pada kurun ini ada sejumlah orang yang melihat Arie sedang berada di Singaraja, dan tinggal di sebuah rumah di Jalan Gajah Mada 28. Rumah itu tentu hanya dipakai sebagai rumah-pulang, karena ia kadang bermukim beberapa waktu di kawasan Lovina dan Tejakula. Pada saat lain ia berminggu-minggu di Klungkung, Kintamani, Nyuhtebel, Sanur. Ia, yang tak terlalu ingin dikenali, selalu mencari tempat yang jauh dari keramaian.

Dalam perjalanan *troubador* ini ia berkenalan dengan banyak orang. Di antaranya dengan tokoh kebudayaan Anak Agung Made Djelantik. Ia adalah seorang dokter lulusan Universitas Gemeente, Amsterdam, yang sangat mendalami seni. Bukunya mengenai filsafat seni rupa dan pertunjukan sering menjadi rujukan. Arie banyak belajar mengenai filsafat wayang dan mitologi Bali kepada Djelantik.

Kegembiraan pertemuan ini sering ia ceritakan kepada sahabat dekatnya, Han Snel. "*Buitengewoon*! (Luar biasa!) Selain sangat menguasai musik-musik Bali, Djelantik sangat tahu musik-musik klasik Barat. Ia hafal sangat banyak komposisi dari Bach, Mozart, Beethoven, Vivaldi, Hayden. Ia bisa bercerita rinci mengenai musik periode Barok." Snel, yang juga menyukai musik-musik klasik Barat, terpana. Snel ingin mengundang Djelantik ke rumahnya, untuk mendengarkan musik-musik klasik.

Di kediaman Snel ini, pada suatu sore Arie bertemu dengan Maurice, seorang pastor yang bertugas di Gereja Katolik Gianyar. Pastor Maurice ingin berbincang ringan ihwal seni rupa, seraya ingin mendengarkan komposisi George Frederic Handel dari piringan-hitam milik Snel. Dalam kesempatan itu Arie bercerita bahwa dirinya Katolik. Namun tidak berdoa di gereja, atau bukan umat setia gereja. Arie Katolik, meski amat hormat terhadap agama Hindu Bali dan amat dekat dengan masyarakat Hindu Bali. Oleh karena itu ia ingin senantiasa dianggap Katolik, dan anggota dari komunitas Katolik. Sehingga apabila kelak meninggal dunia, ia ingin diupacarai secara Katolik.

Pastor Maurice, yang sebelum di Gianyar bertugas di beberapa kota di Kamboja, mencatat dengan cermat. Ia lalu meminta Snel menyetel lagu *Messiah*, komposisi Handel yang menggugah. Arie terharu.

Pada 1988 beberapa lukisan Arie diikutkan dalam pameran "Art of Bali". Pameran ini diselenggarakan di markas East West Center, Honolulu, Hawaii, dan diinisiasi oleh Jusuf Wanandi, politikus ulung yang kala itu menjabat sebagai Direktur lembaga tersebut. Dari pameran ini ketertarikan Jusuf Wanandi atas lukisan Arie semakin mendalam.

"Tiga Meru Hitam, Pura Di Bawah Pohon", 1992.

Jusuf mengenal Arie pada tengah 1970-an lewat seorang petinggi PMI (Palang Merah Indonesia) untuk urusan Timor Timur. Petinggi PMI inilah yang kelak pada 1981 merekomendasi Arie jadi pelatih dan terapis seni lukis di kamp pengungsian Pulau Galang.

Jusuf Wanandi adalah kolektor seni rupa yang sangat berpengalaman. Sebelum bersentuhan dengan karya Arie Smit ia telah mengoleksi berbagai lukisan maestro Indonesia. Bahkan apabila diurut tahun, koleksi Jusuf Wanandi bisa membentuk sejarah panjang seni lukis Indonesia. Dari Abdullah Suriosubroto, Wakidi, Affandi, Sudjojono, Basoeki Abdullah, Hendra Gunawan, Dullah, Srihadi Soedarsono, Anton Kustiawijaya, sampai Nyoman Gunarsa, dan seterusnya. Karya pelukis Bali tradisional seperti Anak Agung Gde Sobrat, Ida Bagus Rai, Ida Bagus Nyoman Rai, Nyoman Lesug. Begitu juga pelukis pendatang dari penjuru dunia, seperti Miguel Covarrubias, C.L. Dake Jr, Le Mayeur, Antonio Blanco, Donald Friend, Teng Nee Cheong, Paul Nagano. Dan kini: Arie Smit, yang nama dan sejarahnya sudah dikenal lama, namun pernah hilang tak tentu rimbanya.

Pada Februari 1992, Arie tinggal di Vila Sanggingan, Campuhan, Ubud, yang posisinya dekat dengan Museum Neka. Vila ini milik Suteja Neka. Persahabatan Arie dan Neka melahirkan "*gentlemen's agreement*", yang intinya: Arie boleh tinggal di vila itu sampai kapan saja, dan melakukan pekerjaan melukis tanpa diganggu kesibukan memasarkan lukisan. Karena pemasaran lukisan, termasuk pameran dan publikasi yang menyertainya, akan dilakukan oleh Suteja Neka. Arie pun tenteram berkarya. Maka kini Arie punya rumah tetap. Meski begitu, hasrat *blusukan*-nya selalu ia salurkan.

Vila Sanggingan terbilang sangat nyaman. Dengan pintu dan beranda menghadap timur, setiap pagi ia bisa menunggu matahari terbit dari balik Gunung Agung. *Goedemorgen* Gunung Agung! Di depan vila terdapat sehamparan taman perdu dan bunga. Di tepian taman adalah dataran yang landai dan turun menuju Sungai Campuhan. Di seberang sana terlihat bukit hijau ditumbuhi pepohonan, dengan satu-dua bangunan. Untuk menuju ke vila yang menjauhi Jalan Raya Campuhan ini harus melewati taman, memasuki angkul-angkul, menuruni tangga. Vila ini adalah satu di antara vila lain yang berdiri di komplek Vila Sanggingan, yang kelak dikomersialkan jadi semacam hotel bagi wisatawan yang datang ke Bali.

Arie memulai kemapanannya.

Pukul lima pagi ia bangun, lantas berolahraga dengan berjalan kaki berputar balik di halaman teras vilanya yang elok menghadap Gunung Agung. Sekitar pukul sembilan ia mulai menikmati pekerjaannya sebagai pelukis. Menjelang sore beristirahat. Lalu membaca, mendengarkan musik sampai malam tiba. Sekali-sekali, paling banyak setengah jam dalam sehari, ia menonton televisi kecil, sebuah instrumen modern yang sudah bertahun-tahun enggan ditontonnya. Ketika waktu menunjukkan hari Sabtu, Arie Smit melakukan "tur". Ia berjalan kaki berjam-jam menelusuri Bali. Dengan motor atau mobil yang dikendarai asistennya, ia menelisik desa dan dusun.

Arie tentu saja terus menghasilkan karya. Jusuf Wanandi, yang terbilang sebagai sahabat Neka, punya kesempatan bagus untuk terus memantau apa yang dihasilkan Arie. Maka karya-karya yang cocok dengan seleranya dibeli dari waktu ke waktu. Bersamaan dengan itu, untuk melengkapi koleksi, Jusuf memburu karya-karya Arie yang sudah beredar di masyarakat pada belasan atau puluhan tahun sebelumnya. Ketika lukisan-lukisan Arie cukup banyak, Jusuf memamerkannya di gedung CSIS (Center for Strategic and International Studies), Jalan Tanah Abang III, no. 23-27, Jakarta Pusat. Dalam pameran ini koleksi Jusuf didampingi beberapa lukisan milik kolektor lain.

Pameran ini mengaktualisasi sekaligus melejitkan nama Arie Smit. "Arie Smit sudah turun gunung," kata sejumlah pengamat seni. Pameran itu semakin artikulatif ketika didampingi buku karya Garret Kam, *Poetic Realism: The Art of Arie Smit*, yang terbit saat itu. Lalu banyak panitia mengejar lukisan Arie Smit untuk jadi bagian penting pameran yang diadakan. Pada kurun ini, memang, pameran lukisan Indonesia yang tak menyertakan karya Arie Smit, dianggap kurang afdal. Tak peduli itu dilaksanakan di Denpasar, Jakarta, Singapura, Utrecht, Morioka, atau Hongkong. Bahkan pameran lukisan *Kecil itu Indah* yang kontinu diselenggarakan di Edwin's Gallery, Jakarta. Bersamaan dengan itu harga lukisan Arie terus membubung. Sampai akhirnya lukisan Arie dihargai berdasarkan luas kanvas, dan dihitung per sentimeter. Gejala *booming* lukisan Arie sangat tampak pada 1993, ketika Galeri Santi, di Jalan Benda 3, Jakarta Selatan, menyelenggarakan pameran tunggal Arie Smit.

Sketsa Arie, dengan catatan warna.

Arie tiba-tiba bersinar seperti kejora, yang selama berlaksa bulan hilang tertutup awan. Terangnya bukan main. Namanya ramai dibicarakan. Sosoknya sering diwawancarai. Sekaligus—ini yang paling tidak disukai Arie—nilai-nilai karyanya lupa dikritisi. Akibatnya yang sangat baik, baik, agak baik, dan agak buruk tidak dipersoalkan. Dampak logis dari apresiasi seperti ini adalah: lukisan Arie model apa pun terus dicari-cari, dengan harga yang terus meninggi.

Pasar lukisan Arie sangat hidup sepanjang 1990 sampai melompati tahun 2000. Maka aneka biro lelang pun, seperti Larasati, Sidharta, Borobudur, Masterpiece, Heritage, Glerum, Christies, dan Sothebys menangkap lukisan Arie sebagai lot yang sakti. Sebagian besar menaruh karya Arie, terutama yang berukuran kecil, sebagai lot pembuka. Para pengelola lelang sadar bahwa secara psikologis lukisan *saleable* seperti ini akan menstimulasi *bidder* untuk masuk total ke dalam suasana lelang, sedangkan lukisan yang berukuran sedang dan besar diposisikan di nomor lot tengah, sebagai aksentuasi.

Harga lukisan Arie kadang memang mengejutkan. Itu sebabnya tak heran apabila majalah *Reader's Digest* edisi Mei 2006 menulis tentang itu. Aliena pertama artikel tersebut begini:

> "Siang itu, 5 Desember 2004, lelang yang diselenggarakan biro Larasati dimulai. Sebuah lukisan cat minyak di kanvas berukuran 70 x 70 cm, berjudul *Tampaksiring*, ditawarkan ke *floor* yang dipenuhi 400 tamu. *Auctioneer* (juru lelang) membuka harga 120 juta rupiah. Para peserta langsung menyambut dengan antusias. Sedikit demi sedikit eskalasi penawaran terjadi, sampai akhirnya terbilang 320 juta. *Floor* hening seperti tersihir, dan *auctioneer* pun mengetukkan palu. *Sold*! Para tamu pun bertepuk tangan."

Pada tahun-tahun berikut, lukisan Arie yang berukuran seperti itu sudah menyentuh harga 400–500 juta rupiah. Mendengar kabar ihwal itu, Arie yang sama sekali tidak puritan terhadap pasar, mengangguk-angguk tanda suka. "Tapi jangan lupa menakar nilai karya-karya saya," katanya mengingatkan.

Sesungguhnya, apa yang dimanifestasikan Arie Smit dalam lukisan-lukisannya?

"Baca *Ramayana* dan *Mahabharata* yang menceritakan Batara Surya," kata Arie.

Di situ dikisahkan bahwa Surya adalah dewa yang menjadi sumber penglihatan umat pemuja alam. Dalam epos *Ramayana*, Surya disebut sebagai ayah dari Sugriwa, kera ksatria yang bersama Hanoman menundukkan Rahwana. Dalam *Mahabharata* Surya disebut berputra Karna, sebagai buah dari perkawinannya dengan Dewi Kunti. Karna adalah manusia yang pintar, kreatif, berhati nurani, dan tahu budi. Arie dengan terkekeh berkata bahwa dirinya mungkin Sugriwa atau Karna. Sementara ia percaya bahwa Surya memiliki kembaran yang diturunkan ke bumi, yakni Dewa Chhaya (bahasa Sanskerta, dalam bahasa Indonesia ditulis: Cahaya). Chhaya bertugas mendistribusikan kemurahan Surya ke seluruh isi dunia.

Karya-karya Arie merupakan wujud ucapan terima kasihnya kepada Sang Matahari. Seperti bangsa Yunani kepada Apollo, bangsa Arab kepada Malakbel, suku Indian Aztek kepada Nanauatzin dan Tonatiuh, bangsa Brasil kepada Meri, bangsa Mesir kepada Ra atau Aten, bangsa Turki kepada Koyash, bangsa Jepang kepada Amaterasu, bangsa Afrika kepada Anyanwu, Mawu, dan lain-lain.

Apa latar belakang yang membuat Arie begitu dekat dengan matahari?

Arie berkisah bahwa dirinya adalah manusia yang dilahirkan dan dibesarkan di negeri subtropik, Belanda. Negeri ini memiliki empat musim sepanjang tahun, yang masing-masing bersiklus tiga bulan. Yakni musim gugur, musim dingin, musim semi, dan musim panas. Musim gugur adalah awal dari musim dingin sehingga matahari masih sangat malu-malu menyalami bumi. Musim dingin adalah waktu yang mempersilakan matahari pergi entah ke mana. Salju turun dengan leluasa. Musim semi adalah hari-hari yang menjanjikan matahari muncul ke bumi, dengan isyarat berkelindannya udara hangat. Musim panas adalah saat matahari tepat berada di kepala, seraya memberikan cuaca terik pada siang bahkan malam.

Arie menghitung, secara matematik matahari muncul ke hadapan orang-orang Belanda seperti dia hanyalah 90 hari. Selebihnya yang 260 hari adalah terang yang disaput kabut dan halimun, keburaman di depan jendela terbuka, atau bahkan kesuraman di seluruh medan. Itu sebabnya lukisan-lukisan orang Eropa hampir semuanya didominasi warna tertier, seperti kelabu, oker, cokelat, maroon, hitam, dan "putih tua". Warna-warna ini mencitrakan kesunyian, kesenyapan, kesendirian, atau bahkan kesedihan dan kepedihan.

"Lihat lukisan Rembrandt, Ruysdael, Jan Vermeer di Belanda. Atau karya Claude Monet di Prancis, William Turner di Inggris," kata Arie.

Di Indonesia Arie menyaksikan sebaliknya. Sebagai negeri tropis Indonesia, terutama Bali, menghadiahi manusia dengan cahaya yang bukan main banyaknya. Musimnya hanya dua, yakni musim hujan dan musim kemarau. Dalam musim kemarau matahari menghambur. Dalam musim hujan matahari masih tegar muncul sambil menghibur-hibur. Bahkan di Indonesia ada yang disebut hujan-panas. Hujan yang dihantar oleh matahari ke bumi. Cahaya dijunjung sebagai hadiah alam yang tiada duanya sehingga bumi melahirkan aneka tetumbuhan berwarna-warna. Kebetulan, di sekujur Bali Arie menemukan gelimang cahaya itu sepenuh-penuhnya.

"Ketika datang ke Bali awalnya saya memposisikan diri sebagai pemburu estetika. Namun yang saya temukan justru cahaya," ujarnya. Cahaya itu baginya adalah warna.

Karena itu, apabila kita melihat lukisannya yang menggambarkan pemandangan kota, persawahan, pohon beringin, gunung, kebun bunga, atau orang-orang di pura, sesungguhnya yang ingin dihadirkan adalah warna, sebagai representasi dari cahaya. Obyek-obyek yang dilukiskan hanyalah dipakai sebagai alat saja. Walaupun obyek-obyek itu tidak pernah ia reduksi keluhurannya. Tanpa obyek yang istimewa, cahaya warna tidak akan bisa berbicara apa-apa. Ia mengaku, setiap hari ia berusaha mencuri matahari.

"Sebuah lukisan adalah alasan, bukan tujuan," kata Arie.

Dalam melukis, Arie selalu menghadirkan lapisan-lapisan warna dalam setiap bidangnya. Di dalam biru ada biru lain, ada biru yang lain, dan ada biru-biru yang lain lagi. Bahkan bisa ada ungu, hijau, dan sebagainya. Begitu pula di bawah merah atau kuning dan lain-lain. Lapisan-lapisan warna itu menurut Arie merupakan perwujudan dari persepsinya ketika memandang cahaya.

Cahaya di tanah Bali, memukau Arie.

"Dalam setiap detik cahaya itu berganti *density* atau kepadatannya. Proses pergantian itu tidak bisa saya lupakan sehingga saya harus melukiskan semuanya." Di balik itu ia mengatakan, secara teknik, cara melukis yang berlapis-lapis diilhami oleh proses pelukis tradisional Bali kala mencipta karya.

Catatan lain dari proses cipta seniman ini adalah, bagaimana ia merancang sebuah gambaran obyek di atas kertas atau kanvasnya.

Dalam praktik Arie tak selalu dan tidak harus menangkap obyek secara *on the spot*. Sebab di balik usaha Arie untuk melukis segala sesuatu secara langsung, ternyata ia juga membuat catatan-catatan atas sejumlah obyek yang menarik, lewat sejumlah sketsa. Dalam sketsa hitam putih itu, ia lalu membubuhkan penjelasan, bahwa latar ini berwarna biru, latar sana berwarna kuning. Lalu batang pohon banyak berupa hitam dan langit harus dibubuhi cat hijau. Sebuah investigasi peristiwa visual.

Sketsa-sketsa tersebut ia simpan sebagai dokumen. Untuk kemudian pada bertahun, atau bahkan berbelas tahun ke depan, ia buka kembali. Kenangan silam lantas melantun. Lantunan kenangan atas masa silam, tuntunan catatan, serta situasi hati ketika ia membuka sketsa itu, segera terolah menjadi satu. Arie Smit pun melukislah. Yang lahir kemudian adalah kristal-kristal gagasan, yang menawarkan keunikan.

Arie pun acap membiarkan sebuah karyanya dalam keadaan setengah jadi. Pada tahun kemudian ia melanjutkannya menjadi karya utuh, dengan tanda tangan bertarikh ketika seni lukis tersebut diawali.

Sebagai contoh adalah atas apa yang ia kerjakan selama berdiam di Singaraja, 1985-1989. Di kota itu Arie amat banyak merekam lingkungan dan panorama di kertas dan kanvas yang sepertiga jadi. Disimpannya semua investigasi itu. Dia menyelesaikannya pada medio 1993 di desa Ubud, tempat kediamannya yang baru, ketika kenangan dan kekangenannya akan Singaraja serta sekitarnya melantun dalam lubuk kesenimananya. Ia selalu memburu dan mendokumentasi obyek-obyek yang disuka. Dan ia selalu khawatir, obyek-obyek yang disukai itu kelak akan tiada lagi.

Apa yang dikhawatirkan oleh pelukis "dari *kaja* ke *kelod*" (dari gunung ke laut) itu amat beralasan. Sebab realitasnya, memang banyak obyek-obyek yang dahulu elok, kini telah *elek* (jelek) karena terkikis polusi kemajuan teknologi.

Selama 60 tahun tinggal di Bali sejak 1956, Arie telah berpindah rumah lebih dari 39 kali. Kepindahan ini menyandang alasan berlapis-lapis: situasi desa yang terkontaminasi gedung-gedung baru, suasana kampung yang terlalu cepat berubah, dan kediamannya yang semakin sering dikunjungi tamu. Begitu pula kesunyian dusun yang diganggu suara-suara motor atau tetangga yang berlaku anah-aneh. Tapi dasarnya ia memang suka melancong. Arie selalu ingat Hiroshige, pelukis Jepang yang selalu berkeliling negeri memburu obyek dan mencatat kehidupan tempat-tempat baru. Ia senantiasa teringat kelincahan pelukis Paul Signac yang mengembara dengan perahu pribadinya ke pulau-pulau, ke teluk-teluk untuk melihat sesuatu yang baru demi lukisan-lukisannya. Arie pelukis yang merindukan kemerdekaan sejati.

***

Lukisan Arie Smit, "Rumah di Batavia", 1950.

IV

Menuju Gerbang Keseratus

Arie di Tengah "Boom"

SEJAK pertengahan 1990-an seni lukis Arie hidup dalam kegemilangan dan kegelimangan. Karya-karya terbaiknya dibicarakan, lukisan-lukisan yang tidak mewakili kebesaran Arie, pura-pura dilupakan. Semua kategori lukisannya, dalam berbagai era, ditransaksi dengan gampang. Para kolektor senior pun lalu mengingat-ingat, adakah ia pernah menyimpan lukisan Arie, pada dua atau tiga dekade sebelumnya? Kalau pernah, sungguh ia merasa beruntung. Investor, yang bermukim di Bali, Surabaya, Semarang, Jakarta, berlomba menjaring dengan berbagai cara. Sampai ada yang menaruh orang-orang Bali yang diketahui kenal dengan Arie untuk *njagain* setiap hari. Siapa tahu Arie akan melepas lukisan-lukisannya? Siapa tahu ada penyimpan lukisan Arie yang datang ke Arie, dan akan melego koleksinya?

Arie sempat tertegun melihat realitas itu. Namun ia sepenuhnya sadar, bahwa perburuan lukisan-lukisannya tidaklah murni lantaran karya-karyanya sudah meraih martabat prestisius, atau semata karena lukisannya dipersepsi menarik secara visual. "Sebagian besar mungkin karena euforia saja. Terkejut mendengar ledakan *boom*-nya seni lukis," kata Arie.

Ia memang melihat, semua orang pun menyaksikan, sejak memasuki 1990 masyarakat Indonesia dilanda kegembiraan mengoleksi lukisan. Karya-karya pelukis belia yang baru tumbuh diapresiasi. Seniman muda yang berpengharapan diborong, dijadikan investasi. Karya-karya pelukis senior dicari dan disimpan sebagai status simbol.

Bagi Arie, *boom* lukisan di Indonesia adalah fenomena yang sangat pantas diperhatikan. Apalagi ketika diketahui bahwa fenomena itu merupakan tularan dari aneka peristiwa transaksi seni yang terjadi di sejumlah negara panutan. "Indonesia merupakan bagian dari *international art market*, ya," katanya. Boom tahun 1990-an itu sekaligus menawarkan keanehan kepada pikiran Arie. Mundur ke belakang: mengapa ketika Presiden Sukarno sang patronis dekat dengan lukisan pada tahun 1950-1960-an, masyarakat tidak ikut beramai-ramai mengapresiasi lukisan seperti sekarang? Padahal, menurutnya, pada waktu itu harga lukisan masih sangat murah. "Memang waktu itu masih sangat banyak orang miskin. Tapi kelas menengah dan orang kaya yang tahu seni tidak sedikit." Namun hal yang paling membuatnya terkejut, fenomena *boom* itu melahirkan persaingan *item* koleksi antarpencinta seni.

Arie pun bercerita.

Pada suatu hari ia kedatangan tamu yang memperlihatkan foto lukisannya yang menggambarkan lampu duduk atau pelita. Lampu tradisional cantik itu sering ia lihat di sejumlah rumah masyarakat tradisional Jawa. Pada 1974 ia melihat lampu seperti itu lagi di Sanur. Dan Arie pun merekam, lengkap dengan lekuk-liku ornamentasinya, dengan latar belakang rumah bata khas Bali. Si tamu menanyakan keaslian lukisan dalam foto itu. Arie menjawab, asli. Si tamu bertanya lanjut, berapa banyak Arie melukis obyek lampu itu. Arie tidak menjawab. Tapi agaknya si tamu mengartikan ketiadaan jawaban itu sebagai pernyataan bahwa lukisan itu adalah satu-satunya. Lalu si tamu berkata bahwa dirinya akan segera membeli lukisan itu, berapa pun harganya.

Agus Dermawan T (penulis), Iliana Lie (kolektor), Arie Smit.

Tujuannya, agar ia jadi pemilik lukisan lampu Arie satu-satunya.

"Saya tertawa dalam hati. Ia rupanya bersaing dalam suasana *booming*. Dengan punya lukisan lampu ia sudah merasa mengalahkan semua pesaingnya. *Hij verslaat als zijn concurrenten*. Padahal saya melukis lampu itu tak cuma sekali. Pertama pada 1974, yang kedua adalah lukisan yang dia bawa, tahun 1984... Meski tentu tidak sama..."

Boom lukisan memang menjadikan Arie seperti menemukan momentum kebangkitan. Sudah sangat lama Arie tak kelihatan, tapi begitu sekali muncul, kondisi seperti mengangkatnya ke langit. Arie tentu mensyukuri keberuntungan itu. Arie salut pada kecerdasan *feeling* Jusuf Wanandi, kolektor dan promotor yang mengelola karyanya pada masa awal *boom*. Meski demikian, sekali lagi ia mengatakan, betapa *boom* seni sering membuat masyarakat tak lagi hirau kepada kualitas seni.

Arie memang mempelajari sekaligus mewaspadai *boom* seni lukis yang letupan-letupannya dimulai pertengahan 1980-an, lalu menjadi riuh pada awal 1990-an. Sampai koran *Le Figaro* di Prancis menyebut pasar seni Jakarta mendekati keramaian seni di Paris.

Banyak faktor penyebab riuhnya pasar seni lukis ini. Yang utama tentu adalah grafik pertumbuhan ekonomi Indonesia yang meningkat. Peningkatan ini telah diramalkan akan terjadi karena konsep ekonomi Indonesia pada masa itu berorientasi pada pertumbuhan. Seperti dikatakan Franklyn Lisk, tujuan pokok strategi ini adalah peningkatan laju produksi pada tatanan ekonomi jangka waktu tertentu. Upaya ini dilakukan dengan laju pembentukan modal, yang tekanannya diberikan kepada mobilisasi tabungan dan investasi. Pemerintah Indonesia dalam satu sisi sukses menggarap itu sehingga banyak pengusaha kemudian bisa mengalokasikan uangnya ke dalam berbagai sektor.

Sesungguhnya, sektor seni rupa atau seni lukis tidaklah terlampau teraba. Namun tulisan-tulisan ringan mengenai seni rupa di media massa Indonesia, serta informasi perdagangan seni dari luar yang menggelombang masuk, menggelitik para pemilik uang. Terjualnya lukisan Van Gogh, Picasso, Claude Monet, dan lain-lain di biro-biro lelang dalam bilangan juta dolar, segera mengentak kesadaran: ternyata, lukisan itu benda bertingkat sosial tinggi.

Mata uang Jepang, yen, dalam hal ini punya peran khusus. Pada waktu itu Jepang tercatat paling dominan memenangkan lelang dengan harga yang melangit. Yen dalam posisi sangat kuat yang oleh masyarakat ekonomi dijuluki "yendaka". Tingginya pencapaian harga lukisan di biro-biro lelang yang direalisasi Jepang itu menjadi sensasi. Sensasi yang mengumandang secara internasional itu menyadarkan publik Indonesia bahwa ternyata seni lukis itu berharga dan memiliki prestise luar biasa. Bila menilik grafik nilai uangnya dari periode ke periode, seni lukis bahkan berpeluang besar untuk bisnis investasi.

Berita-berita sensasional itu diimbuhi kabar aneka pameran serta perusakan dan pencurian lukisan—semuanya memperoleh publisitas seru. Inilah perkara-perkara yang menyebabkan masyarakat bertanya: Ada apa dengan seni lukis? Dari pertanyaan itu, seni lukis yang dianggap berciri tunggal (tiada duanya), segera diburu. Ada anggapan bahwa seseorang bisa memiliki Mercedes Benz beberapa biji, namun banyak yang bisa menyamainya. Sedang memiliki karya seni lukis adalah menyimpan benda yang orang lain tidak punya seperti dicontohkan oleh Arie lewat cerita lukisan lampu tersebut.

Semacam sertifikat Arie Smit

Dalam pengoleksian, langkah pertama mungkin saja mereka berangkat dengan semangat snobisme, meski snobisme akhirnya dimanfaatkan oleh seniman sebagai sumber dana. Namun akhirnya para penyimpan karya-karya itu sebagian besar menjadi kolektor yang bermutu dan berwibawa. Karena mereka tidak lagi terlampau bertumpu pada faktor-faktor ekstrinsik seni rupa, seperti popularitas seniman, sensasi petualangan hidup seniman, atau artifisialisasi filosofi penciptaan. Para penyuka seni itu akhirnya percaya kepada *feeling* artistiknya sendiri.

Semakin banyak kolektor tentu merangsang munculnya pelukis baru. Pelukis baru ini berlahiran melalui kursus-kursus kilat melukis. Dan mereka segera berpameran. Pelukis lama yang tadinya tutup kanvas dan menjelma menjadi pedagang sepatu sampai petambak udang, mengambil kuas lagi. Mencipta dan berpameran. Frekuensi pameran diikuti antusiasme pembelian lukisan.

Selama 1998 misalnya, ada sekitar 4.000 lukisan terbeli di ruang pameran resmi. Tahun 2001 jumlah itu jauh meningkat, yang semua dipetik dari hampir 200 acara perhelatan yang digelar di aneka galeri dalam satu tahun. Indonesia sudah lebih dari 1.400 orang yang mengaku perupa, dengan persentase terbesar sebagai pelukis. Sebagian besar jumlah itu pernah tercatat dalam lomba seni lukis Indonesia Philip Morris Art Awards, Indofood Art Awards, dan lain-lain. Sebagian besar peserta lomba ini adalah seniman coba-coba.

Di sela keramaian ini, muncullah investor. Gairah para investor ini ternyata luar biasa. Kehadirannya acapkali didampingi oleh pengijon yang membayar pelukis sebelum karyanya jadi agar karya-karyanya tidak jatuh ke tangan orang lain. Dari sini sesungguhnya kapitalisasi karya seni semakin memperoleh momentumnya. Fenomena yang tidak terlampau terlihat di permukaan ini ternyata seperti gunung es. Pameran akhirnya tak cuma diadakan oleh pelukis, tapi juga para investor dan pengijon itu. Selain tentu oleh galeri-galeri yang terus pertumbuhannya, yang pemiliknya bisa memiliki satu atau semua predikat di atas. Atau sama sekali di luar predikat itu.

Arie mengaku, sekitar tahun 1993 ia didatangi dua utusan dari pemilik galeri dari Jakarta Pusat. Utusan itu sudah menyiapkan proposal yang isinya hitungan-hitungan ijon lukisan. Menarik dari aspek bisnis, dan bisa menjadikan sebuah karier kesenilukisan terjamin aman. Arie tentu menolak proposal itu, karena dipastikan bakal merenggut kemerdekaannya sebagai seniman.

Boom lukisan ini bertautan dengan kehadiran galeri atau rumah seni (*art space*). Galeri di Indonesia sebelum tahun 2000 berjumlah sekitar 70. Ini tentu di luar galeri di Bali yang berjumlah puluhan. Galeri yang berdiri di Jakarta, Bandung, Yogyakarta, Semarang, Magelang, Surabaya, Malang, Padang, sampai Manado itu tak kurang dari 90 persennya dimiliki oleh orang-orang yang berlatar belakang bukan seni rupa. Mereka ada yang berangkat dari usaha percetakan, salon kecantikan, pengusaha kapal, pengusaha minyak, ahli hukum, kontraktor bangunan, *dealer* mobil, travel biro.

Pengusaha galeri itu tampak berkeyakinan bahwa galeri adalah institusi yang potensial untuk memutar uangnya. Sehingga galeri-galeri itu pun dianggap sebagai rumah seni komersial. Memang ada dua atau tiga galeri yang menyebut dirinya sebagai galeri alternatif, yang berpretensi sebagai kantung kesenian, wadah karya non-layanan, atau jembatan karya progresif inovatif yang ingin segera menjumpai masyarakat. Namun galeri jenis ini pada era perayaan *boom*, tidak berperan signifikan.

Tak tersangkal, amat banyak pelukis yang masuk dalam putaran arus galeri ini. Amat banyak perupa yang meningkat reputasinya karena stimulasi iklim ini. Dengan begitu dugaan kritikus seni Sanento Yuliman yang mengatakan bahwa bom seni lukis cenderung menghasilkan "pendusunan", "pemiskinan", "pemingitan", dan sebagainya, tidak sepenuhnya benar. Tapi memang tidak sedikit pelukis yang ambruk karena ekonomi ditangkap semata sebagai cahaya uang yang menyilaukan. Dan karya-karya yang dicipta sekadar lahir sebagai materi komodifikasi. Hal ini tak hanya dilakukan oleh perupa yang masih merayap ekonominya, tapi juga oleh perupa yang sudah punya nama dan lumayan koceknya.

Gemuruh bursa ini mengetuk kesadaran orang asing. Maka pada tahun 1993 muncul tiga biro lelang internasional yang memasarkan lukisan-lukisan Indonesia. Mereka adalah Christie's (berdiri tahun 1766), Sotheby's (berdiri 1744) dan Glerum yang dibentuk awal 1990-an. Mereka merespons keramaian pasar seni lukis Indonesia. Dan bagi publik internasional, keramaian sering diindikasikan sebagai adanya kualitas yang diperebutkan. Awalnya mereka melelangnya di Belanda. Namun setahun kemudian mereka merangsek dekat, dan membuka rumah lelang di Singapura. Lelang dilakukan tiap semester, yang biasanya jatuh di bulan April dan Oktober, dalam 2 atau 3 hari di tanggal berurutan. Bahkan pada 2002 Christie's mulai melelang lukisan Indonesia di Hongkong.

Arie bersama pelukis Srihadi Soedarsono dan Farida Srihadi.

Sukses besar menimpali biro-biro itu. Bahkan sejumlah lelang merebut perhatian amat luas lantaran reputasi pencapaian harganya. Seperti lukisan Raden Saleh, *Berburu Rusa* (1843) yang mencapai *hammerprice* 2,8 juta dolar Singapura pada *Christie's auction* edisi 31 Maret 1996. Lukisan Hendra Gunawan yang tidak bertanda tangan, *Penjual Wayang di Pantai*, terbayar 218.750 dolar Singapura pada biro yang sama edisi 2 April 2000. Lukisan Walter Spies, *Blick von der Hohe (Pemandangan dari Ketinggian, Bali)* terbayar 1.879.750 dolar Singapura pada lelang 30 September 2001.

Acara ini disebut lelang seni lukis Asia Tenggara karena melibatkan karya dari Singapura, Muangthai, Malaysia, Vietnam, Filipina, Kamboja. Namun dalam forum ini lukisan seniman Indonesia dan karya pelukis asing bertema Indonesia selalu mendominasi, antara 60–70%. Dan hebatnya, merajai pasaran. Termasuk lukisan-lukisan Arie Smit. Sebagian besar para pembeli dalam lelang itu adalah orang Indonesia.

Tahun beranjak. Selain tiga biro internasional, di Indonesia lahir biro lelang Balindo dan Larasati. Kemudian disusul Masterpiece, Sidharta, Borobudur, dan sebagainya. Kiprah mereka juga mereguk hasil bagus. Suatu hal yang semakin menggelitik sebagian besar perupa Indonesia untuk berkompetisi jual-beli di dalamnya.

Masuknya biro lelang internasional ke lubuk seni rupa Indonesia, dan lahirnya biro-biro lelang Indonesia sebagai hasil stmulasi biro internasional, bagai menegaskan pernyataan Thomas Hoving, editor *Connoisseur* dan mantan direktur Metropolitan of Art Museum New York. Ia mengatakan, kita sedang berada dalam zaman yang dipukau oleh seni. Peradaban kita menyamakan seni dengan kekekalan. Kenyataan "zaman keterpukauan seni" itu, yang ditandai dengan hitungan-hitungan ekonomi, memang menghenyakkan. Dalam musim lelang di berbagai negara pada 1988-1989, biro Christie's dan Sotheby's memperoleh omzet lebih dari 4 milyar dolar AS. Jumlah ini lebih tinggi dari GNP Jamaika! Lalu, berapa banyak uang yang beredar di musim lelang Indonesia, yang dilakukan berbagai biro pada dekade 1990-2000?

"Aneh juga, saya diam-diam terlibat di dalamnya," kata Arie, saat menyadari betapa karena itu ia "mendadak" jadi orang kaya di Pulau Dewata.

Arie kala berkunjung ke Istana Presiden Bogor.

Membicarakan Arie Smit sejak dekade terakhir abad ke-20 akan selalu bersinggungan dengan peran Pande Wayan Suteja Neka, pendiri Neka Art Museum, Ubud. Ini lantaran Neka adalah orang yang memfasilitasi Arie pada era itu. Apalagi Neka, berdasarkan perjanjian kerja sama, adalah orang yang berkewajiban mengurus dan mengatur kehidupan Arie di penghujung hari tuanya.

Persahabatan Arie dan Neka melewati proses perkenalan dan pengenalan yang cukup panjang.

Suatu ketika, pada awal 1972, Neka mengantar wisatawan untuk bersantap siang ke restoran Puri Suling yang berlokasi tak jauh dari cagar budaya Pura Goa Gajah, Desa Bedulu, Gianyar. Neka melihat ada banyak lukisan yang dipajang di sana untuk dijual. Di antaranya adalah sederet lukisan Arie Smit. Neka kemudian membeli dua lukisan Arie. Karya yang berjudul *Blue Landscape* (1971) dan *Shrines Beneath the Banyan* (1972) itu dibayar Rp300.000,-. Setelah membayar, Neka bertanya kepada pemilik restoran, dari mana lukisan-lukisan bertanda tangan "Arie" itu didapat. Pemilik restoran menjawab dari Arie Smit langsung, yang punya studio sementara di Ubud, di dekat studio Han Snel, pelukis Belanda yang sudah sangat dikenal publik.

Pada 1973, ketika Arie Smit berdiam di Nyuhtebel, Karangasem, Neka datang bersama istrinya, Ni Gusti Made Srimin. Saat itu Neka, yang sudah memiliki galeri, mengabarkan bahwa dialah yang membeli lukisan di Puri Suling dulu. Arie mengatakan, ia senang lukisannya laku. Apalagi yang membeli orang lokal, bukan turis Barat. "Pada waktu itu saya memang butuh uang. Atas dua lukisan itu saya mendapat 270.000 rupiah dari pemilik restoran. Itu bagus!" kata Arie.

Sementara Arie juga sudah cukup lama mengenal nama Neka Art Gallery dari Rudolf Bonnet. Pada suatu kali Bonnet memang mengabarkan bahwa Neka Art Gallery sudah mulai mengoleksi dan menjual lukisan karya pelukis "asing". Dengan kata lain, tidak hanya menjual lukisan tradisional Bali, atau lukisan modern karya para "pelukis Jawa" (pelukis Indonesia dari luar Bali). Arie tertarik atas minat Neka ini. Karena dia berpikir, betapa selama ini yang mau memahami dan membeli karya-karyanya hanyalah para tamu dari mancanegara. Neka dianggap sebagai "tangan lain" yang bisa semakin menyosialisasi karya-karyanya.

Pada 1990, Arie kembali mendekati Ubud. Pada momentum itu Neka lantas "menangkap" Arie.

"Pak Arie sudah tua. Tidak usah lagi mengembara. Sebagai pelukis besar Arie semestinya sudah punya rumah-pulang, dan sudah tidak harus bermukim di rumah-singgah," kata Gusti Made Srimin. Jusuf Wanandi disebut-sebut sebagai orang yang mengeratkan hubungan Arie dan Neka itu. Pada 1992 Arie resmi bermukim di Vila Sanggingan, Campuhan, Ubud.

Hubungan Arie dan Neka berjalan sebagaimana yang mereka inginkan berdua. Di kediamannya yang nyaman Arie terus melukis. Dari vilanya ia berangkat ke mana-mana untuk membuat sketsa. Sekali-sekali Neka mengunjungi Arie, dan mengajaknya ngobrol. Sementara itu beberapa pegawai vila kadang-kadang menjenguk, menjaga jangan sampai Arie "ada apa-apa". Maklum sudah tua. Neka juga menugaskan satu pegawai vila, yang kemudian disebut asisten, untuk khusus melayani Arie. Mengambil pakaian kotor, membawa ke tempat pencucian. Mem-

Arie bersama pelukis Affandi.

Arie bersama kolektor Lena Tossin dan Tossin Himawan.

bawakan makanan. Menyapu ruangan, meski Arie lebih senang menyapu sendiri.

"Mengurus Pak Arie gampang, karena orangnya sangat sederhana." Begitu yang dikatakan sejumlah pegawai yang pernah melayaninya. Pada saat-saat tertentu Arie menyuruh si pegawai untuk membelikan sabun atau odol merk tertentu di warung terdekat, atau roti, mentega, sampai spidol dan kertas di *minimarket* di seberang jalan. Ia mengambil uang dari selipan buku yang diingat benar tempatnya. Dua lembar seratus ribuan diberikan. Apabila yang dibelanjakan hanya Rp115 ribu, sisanya selalu ia berikan kepada yang berbelanja. Bahkan Arie sering menambahi "lebihan" itu dengan upah yang sudah disediakan. Karena itu, yang diterima si pegawai sebagai bonus seringkali lebih besar dari pada jumlah belanjaannya.

Seorang pegawai mengatakan bahwa Arie memang suka memberi uang lebih. Semuanya dilakukan karena ia ingin menyenangkan orang lain. Meski terkadang karena Arie memang tidak menginginkan uang itu. Alasannya: uang rupiah yang beredar di Bali, apalagi yang dari warung-warung dan toko-toko Bali, umumnya lusuh, jelek, dan bau. Arie sangat membenci itu. Padahal ia sering mendapat kembalian uang "busuk" seperti itu kala berbelanja sendiri. Karena sayang apabila dibuang, uang itu pun diberikan kepada seseorang.

Biasanya uang itu digeletakkan di sudut meja yang terasing letaknya. Si pegawai disuruh mengambil sendiri. Pada saat itu Arie akan berucap gurau, *"Zijn je handen schoon, Bli?"* Si pegawai tak mengerti, dan Arie lalu mengulang dalam bahasa Bali, "*Napi tangan kedas, Bli*?" (Apakah tanganmu bersih, Bli?). Bli adalah panggilan untuk lelaki di Bali. Atas pertanyaan itu si pegawai hanya menjawab "sudah" seraya tangannya buru-buru memasukkan uang ke sakunya, dengan wajah riang.

Hidup Nyaman di Campuhan

Kediaman Arie di Vila Sanggingan sangat gampang dituju dan ditemukan. Meski dalam komplek *guest house*, untuk menuju ke sana tersedia jalan bebas dari pintu masuk. Oleh karena itu, siapa pun bisa ke rumah Arie kapan saja, tanpa perlu permisi kepada petugas vila. Itu sebabnya segenap teman dan sahabat Arie yang ia kenal selama 30 tahun pengembaraan bisa sewaktu-waktu datang untuk menemui. Segenap rekan dan sahabat itu beranggapan bahwa Arie sejak dulu adalah manusia merdeka sehingga ia tidak memiliki satu pintu.

Lalu datanglah para teman dari Barat sampai Timur, dari Utara sampai Selatan, atau dari *kaja* ke *kelod*. Didier Hamel, Paulo Rogano, Symon, Tine & Paul Husner, Gustu, Nyoman Sugara, Agung Rai, Nyoman Purpa, Wayan Kastina, Nyoman Rudana, Ketut Tama, Jusuf Wanandi, Frans B. Siswanto, Nyoman Sumertha, Tanti Dewi & Sugiharto, Koes Karnadi, Rudolf G. Usman, Iliana Lie, Denny Hermanto, Daniel Komala, Elly & Thomas Halim, Yudhistira Wanandi, Subandi Salim, Lena & Tossin Himawan, dan puluhan yang lain. Apalagi sanak saudara para pelukis dari Penestanan.

Kehadiran mereka tak melulu ingin membeli lukisan Arie. Atau bertujuan "egoistik": mengonfirmasi keaslian koleksinya. Karena tidak sedikit yang hanya ingin mengobrol, atau sekadar menyapa sambil berpotret sebentar. Arie biasanya menerima mereka dengan senang, sampai saatnya memberi isyarat, kapan si tamu harus pergi dari serambi. Caranya: ia mendadak berdiri, masuk ruangan, dan melongok jam. Keluar lagi. Dan duduk sambil berkata: "Ya, semakin mendung langitnya. Bisa hujan." Atau, "Panas sekali udaranya." Apabila tamunya tidak tahu diri, ia terus-terang berkata: "Saya lelah, mau tidur. *Dank je wel*. Terima kasih. Saudara bisa bermain di kolam." Maksud Arie adalah kolam renang vila, yang terhampar tak jauh dari kediamannya.

Tapi Arie kadang juga bisa berlama-lama dalam percakapan, apabila yang dibicarakan berkait-kait dengan sejarahnya. Tossin Himawan, Presiden Komisaris Saratoga Grup, yang juga mantan Direktur Astra International divisi Honda Sepeda Motor dan Spare Part, berkisah: "Pak Arie mati gaya apabila ada orang yang bercerita tentang Bandung masa silam."

Tossin bercerita kepada Arie bahwa ia tertarik litografi Arie sejak dirinya berusia 10 tahun, atau sekitar 1957, di Bandung. Karya itu terpajang di toko yang menjual barang-barang estetik antik dan baru, termasuk koin emas, peta klasik, dan litografi. Ketertarikan ini berlanjut 30 tahun kemudian, ketika Tossin menjumpai lukisan Arie di sebuah museum. "Seni lukis Pak Arie adalah bagian dari sejarah hidup saya," kata Tossin, kelahiran Bandung, dan menempuh masa mudanya di Bandung.

Tossin juga berkisah bahwa percetakan dan penerbit A.C. Nix tempat dulu Arie bekerja akhirnya berubah jadi N.V. Ganaco. Ia menginformasikan apa yang terjadi dengan restoran Nan Hian di Jalan Kebon Jati, tempat Arie dulu kerap makan malam. Dan bagaimana keadaan Bragastraat, salah satu ikon "*Bandoeng Mooi*" yang dulu sering didatangi Arie. Tentu sambil bertanya, apakah surat panjang Arie kepada Catrien, yang menceritakan *Bandoeng tempo doeloe*, yang ditulis pada Juli 1938, masih diingat isinya?

"Ups! Ini sejarah," kata Arie dengan berbinar. Arie pun lupa untuk bangkit dari duduknya.

Namun umumnya para tamu itu sudah tahu, bahwa Arie hanya mau ditemui tak lebih dari 30 menit, pada setelah jam makan siang. Mendekati pukul 3 sore Arie sudah gelisah. Dan si tamu harus tahu bahwa itu adalah isyarat ia harus permisi. Pada malam hari ia menyalakan televisi tak lebih dari 1 jam. "Televisi akan merusak mata saya," katanya. Selain merusak mata, ia mengatakan bahwa banyak acara tivi yang dianggapnya mengganggu perasaan. Misalnya, pada jam makan siang atau makan malam, tivi berkali-kali menyiarkan iklan obat batuk berdahak, obat mencret atau atau obat ambeien. Sangat jarang ada acara kesenian, atau seni rupa. Ia menghargai TVRI Bali yang (kabarnya) masih semangat menayangkan kebudayaan dan kesenian Bali.

Ihwal mata ini, sejak dulu Arie memang mewaspadai. Sejak tahun 1980-an ia hanya ingin membaca yang penting-penting saja, dari majalah yang sangat ia pilih edisinya: *Time*, *Tempo*, *Newsweek*, atau koran *The Jakarta Post*, yang ia beli dari pedagang acung atau minimarket. Kabar kebudayaan dan kesenian pertama ia baca. Berita mengenai politik, ia ikuti sekali-dua. Kabar dunia selebriti, ia emoh sama sekali. Sejak kurun itu ia juga sudah sangat jarang menulis surat. Paling hanya menulis catatan pendek di kartu pos, untuk dikirimkan ke beberapa saudaranya di Belanda. "Saya tidak mau mata saya rusak. Padahal dulu saya *schrijver artikel*, ya," ujarnya.

Arie tetap menjalin kerja sama dengan Neka, khususnya dalam kaitan pameran-pameran formal. Sesuai dengan perjanjian, Neka

Gusti Made Srimin dan Suteja Neka.

banyak memberi jalan kepada karya-karya Arie untuk serta dalam berbagai pameran. Misalnya dalam *From Ritual to Romance: Paintings Inspired by Bali* pada 1994, yang diselenggarakan di National Museum of Singapore. Juga pameran *The Jakarta International Fine Art Exhibition 1994* di Hotel Shangri-la, Jakarta. Pameran *Contemporary Balinese Art Continuity in Change* di Museum Nasional, yang dikuratori Dr Djelantik, 1995. Pameran Seni Lukis Modern Indonesia, koleksi Jusuf Wanandi, dalam rangka Pesta Perak (25 tahun) berdirinya CSIS di Jakarta, 1996.

Sejumlah lukisannya juga disertakan dalam berbagai pameran bersama di beberapa negara. Seperti di Iwate Prefecture Museum, Morioka dan Setagaya Art Museum, Tokyo, Jepang, serta di Artfolio dan Singapore Art Museum, di Singapura. Dalam setiap pameran itu lukisan Arie seringkali masuk dalam perbincangan media. Meski pada periode terakhir yang dibicarakan lebih kepada harganya.

Di Vila Sanggingan, kesenimanan Arie leluasa bergolak. Hidupnya yang mapan membuatnya bisa berbuat apa saja demi ciptaannya. Lalu, syahdan pada Mei 1998 Presiden Soeharto lengser dari kekuasaan, dan Indonesia memasuki periode reformasi. Ia pun ingin mereformasi gaya cipta lukisan-lukisannya. "Saya akan melukis dalam ukuran serba besar," katanya.

Ukuran ini dipakai sebagai pertanda keikutsertaannya dalam euforia politik yang merayakan kebebasan berekspresi seluruh rakyat Indonesia. Arie tahu betapa pada era Soeharto banyak rakyat Indonesia yang dipaksa diam dan terbungkam. Lalu, ia pun melukis di atas kanvas-kanvas berukuran lebar atau tinggi lebih dari 2 meter. Ini perubahan hebat apabila dibanding karya-karya sebelumnya, yang rata-rata di bawah 80 sentimeter. Meski begitu, di antara pergumulan dengan kanvas-kanvas besar itu ia juga tetap melukis di kanvas-kanvas kecil dan sedang.

Di vila itu setiap jam Arie menyongsong hari tuanya. Di kala senggang ia sering membongkar-bongkar dokumen dan arsip. Sejumlah sketsa lama ditemukan. Ia membaca berbagai catatan dalam gambar-gambar yang terbentuk di situ. Awan kelabu. Tanah berlumut kehijauan. Langit ungu. Bunga canna kuning menyala. Catatannya juga menegaskan bahwa di Bali ada pura tertentu yang terbuat dari batu berwarna merah sehingga ia menjuluki "*red temple*". Pemahaman atas realitas ini sangat berbeda makna dengan: lukisan pura yang dipresentasikan dalam warna cat berwarna merah.

Ketika membongkar-bongkar arsip, ia menemukan sketsa mengenai meletusnya Gunung Agung, yang berlangsung pada Maret 1963. Ia gubah lagi sketsa itu ke kanvas kecil berukuran 50 x 60 cm, pada 1999. Sambil merekonstruksi letusan dahsyat itu dalam warna merah, hitam, dan maroon, Arie sesekali menatap Gunung Agung yang sedang duduk tenang di seberang sana, dalam warna biru. "Ya. Cuma nostalgia." Hal ini mengingatkan kita pada Edvard Munch yang melukis *Scream* pada 1893, karena teringat langit Norwegia kala terimbas letusan Krakatau, yang ia lihat 10 tahun sebelumnya.

Bagi Arie, inspirasi lukisan memang bisa dari mana saja. Ia bahkan ingin melukis kenangan dan persepsinya atas perang yang dilakoni. Karena ia baru saja membaca kembali ungkapan Percy Bysshe Sheley, penyair Inggris abad ke-19: *War is the stateman's game, the priest delight. The lawyer's jest, the hired assasin's trade.* (Perang adalah permainan negarawan, kesukaan imam. Senda gurau ahli hukum, keterampilan pembunuh bayaran.) "Bagus ya ungkapan itu," bisik Arie.

Museum Neka, Campuhan, Ubud, Bali.

Banyak catatan kenangan hubungan Arie dan Neka. Menurut Neka, Arie sempat tenggelam dalam keharuan pada 2002. Kala itu, pada 14 April, Arie dan Neka berkunjung ke Jakarta. Setibanya di bandara Soekarno-Hatta, Banten, Arie disambut oleh Eddy I. Juana, perwakilan dari Hexart Book Publishing Company. Sambutan itu begitu terhormat sehingga Arie tiba-tiba terlihat bak seorang perdana menteri. Arie lantas langsung diantar ke Hotel Shangri-la, Jakarta, untuk menginap. Kedatangan Arie ini untuk memenuhi undangan, berkenaan dengan peluncuran buku *Vibrant Arie Smit*, yang ditulis oleh Amir Sidharta dan diterbitkan Hexart.

Pada 15 April 2002, persis hari ulang tahun Arie Smit ke-86, upacara peluncuran buku tersebut diadakan di Hotel Shangri-la dalam sebuah pesta mewah. Arie dipanggil naik ke panggung yang berlatar Bali. Tampil seperti seorang raja atau presiden, Arie lalu diminta menandatangani buku setebal bantal dan seberat enam kilogram itu. Musik klasik yang bernada balada diputar. Ratusan tamu yang duduk di selingkar meja makan bundar serentak berdiri melakukan *standing applaus*. Di situ Arie, di tengah kebanggaannya, tiba-tiba teringat ulang tahunnya pada 1943, di tengah kerja paksa dan ancaman bayonet Jepang.

Acara yang diselenggarakan oleh Hexart Publishing bekerja sama dengan Neka Art Gallery ini turut memajang 22 lukisan karya Arie Smit. Semua lukisan yang dipamerkan terjual, dengan dua di antaranya dilelang saat penutupan pameran tersebut.

Pada satu sisi, Arie mengaku kagum pada Suteja Neka.

"Dia membangun Neka Art Museum dengan biaya sendiri, yang diupayakan Gusti Made Srimin, istrinya, lewat Neka Art Gallery. Museum itu dipelihara dan dikembangkan sesuai dengan kemampuannya. Museumnya mengoleksi ratusan lukisan. Bukan hanya hasil karya seniman tradisional dan modern Bali, tetapi juga seniman Indonesia dari luar Bali. Bahkan karya seniman mancanegara yang dapat inspirasi dari lingkungan alam dan budaya Bali. Neka telah merintis pendirian museum untuk mengoleksi karya seni rupa tradisional, modern dan kontemporer," kata Arie.

Kalimat pemujian itu beberapa kali ia tutup dengan: "Meski kadang terlalu bisnis karena ia sudah terlalu biasa melakukan usaha yang bisa memberi untung. *Voordelige zaken doen*. Saya memahami itu."

Karena apresiatif pada Neka Art Museum itulah, Arie sering menyumbangkan beberapa karyanya untuk museum. Tidak hanya itu. Arie juga menyumbangkan sejumlah lukisan para pelukis muda Bali kepada museum. Lukisan-lukisan itu dibeli dari para pelukis secara langsung ketika mereka menyelenggarakan pameran. "Kalau ada yang saya suka, atau saya anggap bermutu meski saya kurang suka, saya beli. Saya taruh beberapa bulan di studio saya," kata Arie. Konon para pelukis yang karyanya dibeli Arie biasanya berbangga-ria, dan bercerita ke mana-mana. Hasrat Arie memang berniat memotivasi. Dalam berbagai kesempatan ia mengatakan menyukai lukisan Ni Gusti Agung Galuh, pelukis perempuan kelahiran Kapal, 1968. Lukisannya secantik orangnya, kata Arie.

Lukisan itu biasanya disandarkan di sepotong dinding kediamannya. Yang berukuran besar digantung di bagian luar kamarnya, sedangkan yang kecil digantung di daun pintu, atau diberdirikan di sisi lemari. Setelah merasa cukup puas menikmati lukisan itu, Arie lalu menyumbangkannya ke Neka Art Museum, satu per satu.

"Sampai 2012 Pak Arie sudah menyumbangkan 50 lukisan karyanya sendiri dan lebih dari 10 lukisan karya pelukis lain, hasil seleksi Pak Arie sendiri," cerita Neka.

Persahabatan Neka dengan Arie tentulah sangat erat. Itu sebabnya akhirnya Neka membuatkan Arie Smit paviliun di komplek Museum Neka. Komplek museum ini dibuka pada 3 September 1994, bertepatan dengan Hari Tumpek Landep, atau hari selamatan masyarakat Bali terhadap keris, tombak, dan senjata lainnya. Bagi Neka dan masyarakat Bali, seorang pelukis seperti Arie juga mempunyai senjata utama, yakni kuas. Maka dari itu, tumpek landep juga mengupacarai kuas Arie. Prasasti *melaspas* atau pembukaan itu ditandatangani oleh Arie Smit.

Paviliun Arie Smit terdiri atas dua lantai. Lantai atas khusus memajang secara tetap karya-karya Arie selama berkesenian di Bali. Lantai bawah memajang lukisan gaya Young Artist, meliputi karya para pelukis yang pernah mendapat pembinaan langsung dari Arie sendiri, sampai karya pelukis Young Artist masa kini. Mengilustrasi pajangan lukisan, terdapat meja-meja kecil yang memajang aneka kliping dari berbagai majalah dan koran Indonesia dan mancanegara, serta berbagai buku monografi Arie Smit. Sosok dan karya-karya Arie memang pernah dibukukan oleh Garret Kam, Sudarmaji, Koes Karnadi, Agus Dermawan T, Putu Wirata Dwikora, Amir Sidharta, Lucienne Smit, sampai Rudolf G. Usman.

Menarik untuk diketahui, Rudolf adalah salah satu sahabat Arie yang bisa keluar-masuk Vila Sanggingan dengan bebas. Ia sekaligus punya peluang membeli banyak lukisan dari Arie secara langsung selama belasan tahun. Rudolf bercerita bahwa Arie senang bergaul dengannya. Arie mengagumi serial lukisan Rudolf yang menggambarkan kemegahan candi Borobudur sehingga Arie lalu melukis tema Borobudur khusus untuk Rudolf. Mereka sering berdiskusi mendalam, sampai akhirnya Arie menganggap bahwa Rudolf sangat tahu kosmologi lukisan Arie.

"Ah, saya bisa merekomendasi kamu sebagai ekspertis karya saya untuk kawasan luar Bali," kata Arie. Ternyata benar, pada 2006 Arie membuat pernyataan untuk itu, dengan kepala surat bertuliskan "Surat Kuasa". Surat yang memberi kepercayaan kepada Rudolf untuk menerbitkan sertifikat tersebut bertanggal 10 Januari 2006, dan ditandatangani Arie di atas meterai.

Banyak sekali lukisan karya Arie yang sudah dibeli Rudolf. Lukisan-lukisan itu lantas didokumentasikan dalam buku *Arie Smit: The Lates Paintings of Arie* yang dibuat untuk memperingati usia Arie ke-90 pada 2006. Ini merupakan album kedua setelah *Arie Smit, The Enchanting Tropics*, yang ia terbitkan beberapa tahun sebelumnya. Pada 2011, dalam rangka ulang tahun Arie ke-95, Rudolf membuat buku *Arie Smit: A Living Legend.* Buku ini sudah selesai dicetak, siap diluncurkan. Arie senang membuka-buka buku ini karena memuat 95 lukisannya. Namun Arie menyatakan keberatan dengan predikat "*legend*" atau "legenda" dalam judul itu. "Saya khawatir saya dianggap *high profile.* Sebaiknya buku diluncurkan setelah saya mati," ujarnya.

Arie memang selalu gembira dengan upaya Rudolf, yang bergerak di antara pretensi apresiasi seni, kultus, dan bisnis. Dengan begitu buku-buku Rudolf selalu ia cermati. Sampai pada suatu kali ia terpana ketika melihat foto dirinya yang dimuat di buku pertama dan kedua. Di situ ada foto dirinya yang sedang berpose tamasya bersama Rudolf di Tembok Besar, Tiongkok, serta di Piramid, Mesir, lengkap dengan ontanya.

"Rudolf mengada-ada saja. Ia membesar-besarkan Adrianus Wilhemus Smit! Semua tahu, saya tak pernah ke Tiongkok, tak pernah ke Mesir. Apalagi mendekat-dekat onta. Itu foto *montage*," kata Arie.

Arie menyebut Rudolf sebagai pelukis yang progresif, agresif, serius, lucu, sekaligus romantis karena telah mengajaknya bertamasya berdua ke negeri nun jauh. Sementara banyak orang juga menyebut Arie sebagai pelukis yang (ternyata) juga eksentrik, tak terduga, dan mengejutkan. Belasan sahabat Arie serta orang-orang yang pernah bertemu dengan Arie selalu ramai apabila bercerita tentang itu.

Ini adalah sebagian dari cerita tersebut.

Agung Rai tak akan melupakan kebaikan Arie. Sebelum 1970 lelaki ini bekerja sebagai pedagang acung (asongan) lukisan dan patung di kawasan Pantai Sanur. Di sini ia sering melihat sejumlah lukisan Arie dipajang di galeri Pandy. Usaha Agung Rai maju, sehingga pada 1976 ia sudah bisa mendirikan galeri di kawasan Peliatan, Ubud. Agar isi galerinya bervariasi, ia ingin memajang lukisan Arie. Maka pergilah ia menemui Arie. Agung Rai tak bertepuk sebelah tangan, lantaran Arie ternyata bersedia meminjamkan sebuah lukisannya untuk dijual di galeri Agung Rai.

Arie dan pelukis Rudolf G.Usman.

Setelah lukisan terjual, Agung Rai menyerahkan uang penjualan kepada Arie, yang tinggal di Tanjungsari, Sanur. Arie menerimanya dengan senang. Setelah melempar lipatan uang yang diikat karet itu ke meja, Arie mengambil sebuah gulungan dan memberikannya kepada Agung Rai. "Ini sebagai bonus," kata Arie. Agung Rai mengintip gulungan itu, dan ternyata lukisan karya Ketut Tungeh, pelukis terkenal yang karyanya tertera dalam buku koleksi lukisan Presiden Sukarno.

"Arie melihat saya sebagai anak muda yang perlu didukung. Dan Pandy, pengelola penjualan lukisan Arie kala itu, sedikit pun tidak melihat saya sebagai saingan. Di situ, lewat Arie, saya menemukan filosofi: cipta seni tidak harus selalu dipandang dengan bola mata ekonomi," kata Agung Rai.

Ia mengatakan bahwa Didier Hamel, pelukis asal Prancis yang akhirnya mengelola Galeri Duta di Kemang, Jakarta, juga punya hubungan dekat dengan Arie. Maka banyak karya Arie Smit dari berbagai periode berhasil ia kumpulkan. Bahkan pada medio 1990, Arie memberi informasi keberadaan lukisan-lukisan lamanya yang pernah ia pamerkan bersama karya Han Snel di galeri Pik Gan, Surabaya, pada 1964. Didier memburunya, sampai kemudian hari ia menerbitkan litografi *limited edition* (100 kopi), yang berilustrasi lukisan-lukisan lama Arie, dengan tanda tangan langsung dari Arie.

Selama 40 tahun lukisan-lukisan Arie menjadi bagian dari perdagangan bebas seni lukis di Bali. Arie sangat menyadari kewajaran itu. Oleh karena itu, pihak yang membutuhkan lukisan (kolektor, investor, *art dealer,* dan pemilik galeri) yang datang ke tempat tinggalnya, sering dilayani dalam transaksi. Namun mereka ini tentu terbatas hanya yang dianggap sebagai sahabat-sahabatnya. Karena itulah Arie beralasan, betapa sejak dulu ia milik orang banyak sehingga ia sekarang harus melayani banyak orang. Hal tersebut juga terjadi ketika ia tinggal di Vila Sanggingan.

Lalu sering terlihat di situ, Nyoman Sugara yang masuk dengan tangan kosong, keluar dengan tangan kiri dan kanan membawa tentengan. Pemilik galeri patung di daerah Mas itu mengaku bahwa ia harus merayu untuk mendapatkan lukisan. Kala berkunjung Sugara membuka percakapan begini: "Mohon maaf, saya punya uang *segini.* Bisakah dapat lukisan Pak Arie?" Uang dolar Amerika (catatan: Arie tak mengharapkan menerima rupiah!) itu ditaruh di meja. Arie menimbang-nimbang ukuran. Si pembeli jelas tak punya peluang memilih lukisan. Setelah menyerahkan lukisan sebesar dua atau tiga jengkal tangan, Arie memberi syarat agar Sugara harus segera pulang.

Ketut Tama mengenal Arie sebelum 1970. Ketika mulai membuka galeri di kawasan Campuhan, Arie juga ikut mengamati. Itu sebabnya Tama adalah sahabat yang tidak luput dilayani. Tak terhitung berapa kali Tama bertemu Arie untuk bertransaksi lukisan. Sampai pada suatu hari Tama *deal* membeli lukisan Arie terbaru. Ketika Tama akan membawa lukisan itu, Arie menahannya. "Jangan. Nanti dibawanya kapan-kapan saja." Tama baru paham maksud Arie ketika dalam perjalanan pulang ia melihat Suteja Neka di lobi vila.

Lalu sampailah di suatu hari di sehampar siang terik. Tama tiba-tiba kedatangan tamu yang dengan sopan dan memelas mengucap: "Spadaaa. *Om swastyastu.* Mohon maaf. *Titiang mekayun ngadol lukisan anggen ngajeng.....* (Saya mau jual lukisan untuk makan...)" Tama terpana, lalu terbahak, ketika melihat si pencari makan itu ternyata Arie Smit. "Ini, pelukis besar kok jadi begini!" seru Tama. Arie terkekeh tiga kali.

Kisah Tama dengan Arie masih bertumpuk. Suatu kali Tama mendatangi Arie. Dengan terus terang ia berkata bahwa ingin membeli lukisan Arie untuk segera dijual kembali. Karena pasar sedang ramai mencari, dan kebetulan ia butuh uang untuk merenovasi galeri. Keterusterangan itu ternyata menyebabkan Arie agak marah. "Hoy! Bukankah rumahmu sudah tinggi!"

Mata Arie tidak menatap wajah Tama sedikit pun. Lalu tanpa berbicara apa-apa Arie berjalan ke lukisannya yang belum jadi. Di depan kanvas ia lantas memoles dan menyabetkan kuas besarnya berkali-kali, dalam warna merah. Seusai mencurap-curap kuas dengan disertai bibir *ngedumel*, kuas itu pun dilempar. Sebelum masuk kamar, Arie berkata, "Ya. Itu lukisanmu. Kapan-kapan ambil ke sini." Tama terperanjat.

Beberapa hari kemudian Tama datang untuk mengambil lukisan tersebut. Arie menerimanya dengan lembut. Ketika uang *cash* diterima, dan tanpa dihitung, Arie berkata antara sinis dan bergurau: "Terima kasih orang kaya." Tama selalu sabar jika mendapat olok-olok bergurau dari Arie. Lantaran ia merasa sudah diberi "berlian". Lukisan yang unik dan menyimpan kemarahan itu dengan cepat diminati oleh seorang kolektor Jakarta, dan mendapat predikat "Angin Topan". Memang ada taifun emosi di situ.

Agung Raka termasuk orang yang beruntung karena selalu diterima Arie dengan baik, dan sering mendapat lukisan "yang terbaik" (menurut versi Arie). Pasalnya, Arie tahu sejarah Raka sebagai bekas kenek opelet, dengan trayek yang sering ia lewati. "Jangan-jangan saya pernah naik opelet Anda, tahun 1972?" tanya Arie.

Suatu hari pada 1996, Iliana Lie, kolektor dari Jakarta, bertandang ke rumah Arie. Ketika pelukis itu tenggelam dalam cerita mengenai kerja rodi membangun Jembatan Kwai, Iliana melihat ada lukisan kecil dipines di daun pintu dapur. Lukisan itu tampak seperti diasingkan dari pandangan. "Apakah saya boleh membeli lukisan yang itu?" tanyanya kepada Arie. Sang pelukis sedikit terkejut. Ia tak menyangka ada orang memperhatikan lukisan tersebut. Padahal sudah disisihkan agar orang luput memperhatikan. "Ini lukisan yang saya suka, tentang sebuah pura di Bangli sehabis hujan," kata Arie. Lalu transaksi pun terjadi.

Kesukaan Arie atas lukisan itu diterima oleh publik. Sampai tahun 2016, lukisan yang bersubjudul *Sehabis Hujan di Pura Bangli, Bali* itu sudah dimuat dalam beberapa buku, dan disiarkan di beberapa koran dan majalah.

Kedekatan Iliana Lie dengan Arie tentu tak terjadi secara *ujug-ujug*. Ia sangat atentif. Kala Arie berkunjung ke Jakarta pada 1993, ia mengajak Arie ke Istana Presiden Bogor, yang kala itu masih agak susah ditembus publik umum. Di sekujur istana yang dibangun Baron van Imhoff itu Arie diajak melihat-lihat koleksi lukisan Presiden Sukarno dan lukisan koleksi era Presiden Soeharto. "Itu peristiwa yang mengesankan," tulis Arie dalam surat yang dikirim ke adiknya di Belanda, Wim.

Sertifikat lukisan Arie pernah menjadi persoalan yang agak pelik. Ini berawal dari pemosisian Neka (Art Gallery) sebagai satu-satunya orang dan institusi yang berhak mengeluarkan sertifikat keaslian lukisan Arie Smit. Bagi yang belum mempunyai sertifikat, boleh minta ke Neka, tanpa dipungut bayaran. Sebuah niat yang patut diapresiasi sekaligus dipercaya sebagai "pusat pengkajian keaslian" karena museum karya Arie Smit ada di komplek Museum Neka. Ini merupakan suatu niat yang menyenangkan lantaran semua bermuara pada perlindungan konsumen lukisan Arie.

Namun atas pemosisian "satu-satunya", sangat banyak pemilik lukisan Arie Smit yang merasa terganggu. Mereka umumnya menganggap bahwa Neka bukan satu-satunya agen kebenaran lukisan-lukisan Arie Smit. Banyak orang lain di luar Neka yang juga punya pemahaman mendalam atas lukisan-lukisan Arie dari segala era. Misalnya atas karya-karya sebelum Arie ke Bali dan karya-karya Arie periode 1960-1990. Termasuk tentu puluhan lukisan yang dibeli langsung dari Arie—tanpa diperantarai Neka—pada era 1990-2010. Mereka mengatakan bahwa memonopoli kebenaran akan menimbulkan kekacauan. Sebagian besar dari mereka khawatir: bisa-bisa yang tidak dibeli dari Neka, tidak mendapat sertifikat.

Padahal Arie memastikan lukisan-lukisan tersebut asli lantaran berasal dari sumber-sumber bonafide yang belanja lukisan kepadanya secara langsung. Mereka ini antara lain adalah manajer Nusa Dua, bos aerowisata Pantai Sanur, direktur perusahaan otomotif, pemilik resto bebek di Teges, pemilik hotel, dan fotografer profesional yang sering memotret lukisan Arie.

Sebagai kolektor dan pemilik galeri yang sangat berpengalaman,

Neka memahami keberatan-keberatan itu. Ia berkata bahwa, yang asli tetap asli, sampai kapan pun, meski tidak ditopang sertifikat Neka. Ia juga berkata bahwa, di luar institusi Neka pasti ada mata orang-orang yang bisa melihat banyak aspek lukisan Arie. Neka memang menolak untuk disebut dewa yang tahu segala. Ujungnya, ia menyebut bahwa pemosisian "satu-satunya" itu hanyalah persepsi yang salah saja. Neka pun melihat, sejumlah galeri di Ubud juga menerbitkan sertifikat keaslian lukisan Arie Smit. Dan itu bukan hal yang keliru, jika memang kebenaran yang termaktub di dalamnya.

Membicarakan sertifikat lukisan memang perlu. Ini lantaran sejak memasuki tahun 2000 seni lukis Indonesia terkontaminasi banyak lukisan palsu. Lukisan itu tidak hanya beredar di pasar remang-remang, tapi juga lewat berbagai pameran dan acara lelang besar. Misalnya dalam pameran dan lelang "The Old Painting Pre World War II", di Hotel Regent, Jakarta, November 2000. Di situ ada lukisan Arie palsu, yang disebut ciptaan 1952. Lukisan palsu itu ternyata hasil contekan atas lukisan H. Hardi, *Dua Penari*, yang dibikin sekitar 1990. Pada bagian lain ada lukisan palsu Arie yang menggambarkan halaman pura. Lukisan itu adalah contekan dari lukisan G.P. Adolfs.

Atas kasus ini Arie berang. Ia lalu menulis pernyataan yang disebarkan ke banyak orang, agar siapa pun yang ingin kepastian keaslian lukisannya, harap datang ke Neka. Di situ lukisan bisa disertifikasi. Pernyataan bertulis tangan ini dilengkapi pernyataan lisan pada hari-hari kemudian: "Pernyataan itu tidak bisa diartikan bahwa lukisan yang tak bersertifikat Neka adalah tidak asli."

Pemalsuan atas lukisan Arie di Bali memang tak semasif pemalsuan lukisan di Jawa. Namun kisah pemalsuan lukisan Arie kadang lebih seru, karena sudah ada yang masuk pengadilan. Sementara atas lukisan Hendra dan Sudjojono, belum. Maka tersebutlah nama Made Sinteg. Dia adalah salah satu murid Arie di perkumpulan Young Artist. Pada ujung 2013 Sinteg didatangi Ketut Sudra, seorang kolektor dan investor. Sudra minta tolong kepada Sinteg agar mencarikan lukisan-lukisan Arie. Sinteg mengatakan, sebaiknya Sudra langsung saja ke Suteja Neka, manajer Arie. Namun Sudra menolak, karena dia mendengar kabar bahwa beli di Neka pasti amat mahal harganya. Lalu Sinteg pun berusaha berburu lukisan Arie. Setelah sekitar enam bulan ia mendapat 10 lukisan.

Sudra membelinya dengan rasa aman, dengan harga total Rp525 juta. Tapi rumor pemalsuan lukisan yang terjadi di Bali atas karya Nyoman Gunarsa, serta di Magelang dan Yogyakarta atas karya Sudjojono, Soedibio, Hendra Gunawan, masuk ke telinganya. Ia lalu minta ke Sinteg untuk menyerfikasi lukisan-lukisan yang dibeli itu ke Neka. Sinteg menolak. Sinteg beranggapan bahwa Neka pasti tak mau memberi sertifikat lukisan Arie yang tidak dibeli darinya. Sudra lalu berinisiatif datang ke Neka sendiri dengan membawa dua lukisan. Hasilnya adalah penyataan: lukisan itu palsu.

Sudra kemudian diajak Neka melihat lukisan-lukisan Arie di museum, yang dijadikan contoh lukisan palsu. Seperti *The roads wind through the village* (1985), *Lombok strait Seraya Timur* (1971), dan *Blue landscape* (1970). Diperlihatkan juga inskripsi di belakang lukisan, yang mencantumkan data judul, tahun, media, dan tanda tangan Arie Smit. Walaupun inskripsi semacam itu sesungguhnya tidak selalu ada, terutama pada lukisan-lukisan berkurun tua. Menurut laporan majalah *Tempo* (1 Mei 2016), Neka juga menyatakan bahwa empat lukisan koleksi galeri Neka, juga dipalsukan oleh Sinteg. Sementara itu, Sudra tak bisa mengonfirmasi keaslian lukisan-lukisan itu kepada Arie, lantaran Arie sudah mengalami kebutaan. Arie hanya mengatakan, Sinteg adalah muridnya yang terbaik.

Sinteg di ujung tanduk. Ia diadukan ke polisi, lantas diadili. Ia ditangkap dan dimasukkan sel tahanan sejak 26 Juli 2014. Di pengadilan Neka ikut bersaksi. Sinteg akhirnya diputuskan bersalah oleh majelis hakim yang diketuai Sihar Hamonangan Purba. Pada putusan bernomor 172/Pid.b./2014/PN-GIN tertanggal 28 Oktober 2014, Sinteg dinyatakan terbukti melanggar Pasal 378 Kitab Undang-Undang Hukum Pidana tentang penipuan secara berkelanjutan. Ia dijebloskan ke penjara selama 18 bulan. “Ini perang bisnis. Tapi pasrah. Ini bagian dari jalan hidup saya,” kata Sinteg, yang akhirnya mengalami keruntuhan ekonomi, dan menjual salah satu propertinya.

Peredaran lukisan yang memalsukan kesenimanan Arie menyebabkan msyarakat seni rupa khawatir. Lalu berdatanganlah mereka kepada Arie Smit, untuk menanyakan keasliannya. Sebagai “Belanda yang tertib waktu” kedatangan itu tentulah mengganggu. Namun para tamu begitu ulet, meski pihak Vila Sanggingan berusaha membentengi.

Bermacam kejadian muncul, dengan berbagai modus pun diupayakan. Konon ada seorang pemilik lukisan berpotret bersama Arie Smit, dengan di sampingnya lukisan yang sudah dinyatakan palsu. Pertimbangan si pemilik lukisan: foto tersebut kelak jadi bukti bahwa lukisan yang ada di situ, sudah "dilihat" oleh Arie Smit. Ini mengundang konotasi: lukisan itu asli.

Alkisah, suatu hari seorang pemilik galeri datang ke vila untuk meminta surat pernyataan tertulis keaslian lukisan Arie Smit, yang dibeli dari Arie beberapa tahun lalu. Surat pernyataan itu dibutuhkan lantaran calon pembeli lukisan membutuhkan. Untuk mengambil hati Arie, si pemilik galeri membawa kue tart.

Melihat upaya itu Arie merengut. Di situ Arie menyatakan heran betapa masih ada orang yang mendewa-dewakan surat, dan kurang percaya kepada lukisan. "Lukisan-lukisan itu asli, ya. Tapi suratnya minta saja ke notaris," kata Arie, sambil memasukkan kue tart ke keranjang sampah. Pemilik galeri itu pucat.

Beberapa sahabat Arie bercerita bahwa sekali waktu Arie menggubah lukisan berdasarkan lukisan orang lain. Syahdan, suatu kali pelukis Amerika yang berdiam di Bali sejak 1972, datang ke Arie untuk minta

Arie di tengah acara pameran, bersama Menteri Wardiman Djojonegoro (baju hitam), serta Jusuf Wanandi (tengah).

bantuan menjualkan lukisannya seharga 3.000 dolar. Arie terperanjat sehingga terentak dari kursinya. "Saya bukan penjual lukisan. Tapi saya bisa beli lukisan itu." Arie lalu berdiri dan masuk ke kamarnya. Sekeluar dari kamar ia menyerahkan uang kepada pelukis. "Silakan persekot ini dipakai untuk mabuk."

Arie menyimpan lukisan itu, yang dikemas dalam gulungan. Dalam beberapa minggu lukisan tersebut dibiarkan tetap tergulung. Sampai pada suatu hari ia ingin melihat lebih cermat lukisan itu. Di situ perhatian Arie tiba-tiba tersedot. Hatinya lantas berkata: "Lukisan ini menginspirasi saya untuk meneruskannya."

Lalu, lukisan itu ditaruh di atas meja gambarnya yang lebar. Bagian bawah lukisan dibiarkan menjuntai ke bawah, sedangkan bagian yang ada di dataran meja "diganggu" oleh kuas dan cat Arie. Ada bagian-bagian yang dibiarkan sebagaimana adanya, sementara bagian lain dipulas, ditutul, dicurap kuas Arie. Selesai bagian atas, lukisan digeser naik. Kini bagian bawah yang digarap. Tangan Arie menari-nari di bidang kanvas, dengan menghamburkan warna-warna yang berpuisi. Lantaran lukisan aslinya cuma menginspirasi, dan nyaris hilang dari tatapan, yang ada hanya tanda tangan "Arie Smit" di situ.

Beberapa teman Arie pernah melihat bahwa sekali waktu Arie "meneruskan" lukisan karya pelukis yang paling bisa menirukan gaya dan lukisan-lukisan Arie. Atau karya yang bisa mengganggu perasaan Arie untuk meneruskannya. Karya-karya itu dianggap menarik karena kadang mengusung obyek-obyek yang tidak pernah dilihat Arie. Dalam hal ini, Arie bagai meminjam mata pelukis tersebut untuk menemukan obyek. Di tangan Arie, lukisan itu tentulah sudah seratus persen berubah.

"Suatu kali saya mendapat lukisan Arie Smit dari Pak Arie sendiri. Di empat sisi lukisan kecil tersebut masih ada bekas lukisan Ngurah K.K.," kisah seorang pemilik galeri besar di Campuhan, Ubud. Seorang fotografer terkenal di Bali juga pernah mengatakan bahwa ada lukisan besar Arie yang bersifat penerusan lukisan orang lain, dan *keren*!

Lukisan "terusan" seperti ini oleh Arie dianggap sah. Setidaknya setelah ia mengingat sejarah bahwa Peter Paul Rubens banyak meneruskan lukisan asistennya, Anthony van Dyck. Atau Dullah yang berkali-kali meneruskan lukisan-lukisan anak didiknya di Sanggar Pejeng.

Atas cerita di atas, Neka dan Rudolf mengaku tidak pernah melihat secara langsung. "Rasanya Pak Arie tidak sejauh itu," kata Neka. "Kebetulan saya belum pernah melihat, dan kebetulan Pak Arie tak pernah cerita soal itu. Mungkin rahasia," kata Rudolf, yang pernah membeli dua lukisan koleksi Arie, karya pelukis tradisional yang oleh Arie pernah ditolong keuangannya.

Namun banyak pihak mengakui bahwa Arie bukanlah seniman puritan, atau pelukis yang ingin sekuat tenaga mempertahankan kemurnian seni yang ia yakini. Ia bukan pengikut puritanisme yang kepala batu dan mati-matian tidak peduli dengan apa yang berkembang di luar diri. "Saya bekerja sebebas perasaan saja. Saya bukan pengikut Calvinisme, bila boleh menautkan seni dengan agama."

Calvinisme, mengacu pada catatan Yapi Tambayong alias Remy Sylado dalam buku *Kamus Isme-isme,* adalah pemikiran teologi cetusan Calvin, yang menghendaki semua ajaran gereja patuh seratus persen kepada kitab suci. Sebuah sikap yang diekspresikan oleh kaum urban pimpinan Oliver Cromwell kala menolak langkah progresif Ratu Elizabeth I yang menolak konvensionalitas gereja Inggris, Anglikan. Arie memahami puritanisme lewat resensi film *Cromwell* (1970), yang dimainkan oleh aktor Richard Harris dan disutradarai Ken Hughes. Resensi itu dibaca di majalah Amerika. "Mungkin *TIME*. Atau *Newsweek*, ya?"

Gaya lukisan Arie yang naif, intens, asyik, dan penuh warna memiliki banyak pengikut di Bali. Dari yang sepintas lalu lantaran didasari upaya mencari uang, sampai yang serius dan bekerja berdasarkan konsep keterpengaruhan. Konsep yang melahirkan sifat *reminiscent*: mengingatkan karya cipta kepada hasil karya orang lain. Dalam konteks ini, pengikut Arie yang paling serius adalah Gung Man, kelahiran Denpasar, 1956. Sebagai sarjana seni rupa yang bekerja sebagai dosen di Bali, karya Gung Man memiliki pasar yang bagus sehingga sering muncul dalam berbagai lelang nasional.

"Lukisan Arie Smit itu mahaguru lukisan saya," kata Gung Man dengan bangga.

Ribuan lukisan Arie dalam segala era dan segala ukuran akhirnya jadi koleksi wajib bagi "hampir semua" kolektor Indonesia. Ada yang merasa cukup punya dua atau tiga, namun tak sedikit yang memiliki puluhan. Bahkan sampai dijajar sebagai "Museum Arie Smit", seperti yang dilakukan oleh Sugiharto, kolektor dari Surabaya.

Arie pun mengingat berderet nama kolektor serius lukisannya: James T. Riady, Budi Setiadharma, Wiwoho Basuki, Steve Sondakh, Lena & Tossin Himawan, Herman Djuhar, Ida Bagus Tilem, Hans-Peter Grobe, Thetrin & Saiman Ernawan, Poppy Setiawan, Cedric A. Neukomm, Edwin Rahardjo, Benny O. Raharjo, Nyoman Rudana, Wiyono Tanoko, Joseph Solaiman, Elly & Thomas Halim, John Andreas, Lily Lontoh, Rudy Lontoh, Anita & Syamsul Sutomo, Nyoman Sumertha, Leonard Tjahjadi, Benny Hidayat, Ijek Widyakrisnadi, Wija Wawo Runtu, Hendro Tan, Kusnandar Setiadi, Hocky Tan, Lee Poh Ling, Laurent Zilberberg, Jais Hadiana, Guntur Santoso, Tatty Murnitriati Bakrie, Junaidi Januar.

Selain itu, ada juga: Haryanto Adhikoesoemo, Hans Roehrig, Tun Dwiputra, Peter Natadihardja, Benny Santoso Halim, Hartono Sumarsono, E.Z. Halim, Oei Hong Djien, Lans Brahmantyo, John Mamesah, Putu Rabin, Inge & Suprajitno Sutomo, Pudjiono Djojonegoro, Retno & Nugroho, Johann Karunia, Debora Kusnandar, Peter Utomo, Melani W. Setiawan, Gunawan Atmaja, Margareth Fay Rizal, Rina Ciputra, Siegfried & Christa Hamper, Sunaryo Sampoerna, Franciscus Affandy, Farid Amier, Lilin Rizwan Halim, Harry Su, Erkin Limantara, Hartoko Sarwono.

"Dan tentu seratus kolektor lain yang luar biasa. Terima kasih kepada mereka," ujarnya lirih.

Diantar Petir, Menuju Nirwana

Memasuki dekade kedua tahun 2000 Arie tak banyak berbuat apa-apa. Ia tidak lagi *blusukan*. Kesehatannya melemah, matanya mengabur. Di kediamannya Arie dibantu seorang asisten yang setia mengawasi. Setidaknya, jangan sampai orang asing masuk ke rumahnya. Pasalnya, suatu kali Arie merasa ada orang yang mengendap di rumahnya. Sejenak setelah itu, Arie kehilangan sekantung plastik berisi uang, yang selalu disiapkan untuk membeli kebutuhan hidup selama beberapa bulan ke depan. Arie yakin ada pencuri yang mengambil uangnya. Ia pun berteriak: "Ada maling! Ada maling! *Ik bestolen* (Saya kemalingan)!" Ironisnya, oleh beberapa orang di situ Arie dianggap sudah pikun, bahkan gila, lantaran penyakit tua.

Pada 1 April 2007 ia menjalani operasi katarak di Jakarta Eye Center. Sebagai pemuja hal-hal yang visual, Arie sangat ingin matanya baik kembali. Tetapi ia merasa seusai operasi itu kondisi penglihatannya semakin memburuk. Bahkan pada 2012 ia dinyatakan mengalami glukoma sehingga penglihatannya hanya tersisa sekian belas persen saja.

Bersamaan dengan gangguan mata itu, fisik Arie semakin melemah. "Mata rusak membuat tubuh rusak," katanya. Ketakberdayaan Arie ini pelan-pelan diketahui oleh masyarakat seni rupa. Beberapa sahabatnya membesuk Arie, yang sudah meringkuk dari jam ke jam di sebuah amben tak berkaki yang menyentuh lantai. Seperti dilaporkan *Koran Tempo* edisi 15 April 2013, Arie sudah tidak pernah keluar rumah sejak

Lukisan Gung Man, pengikut Arie.

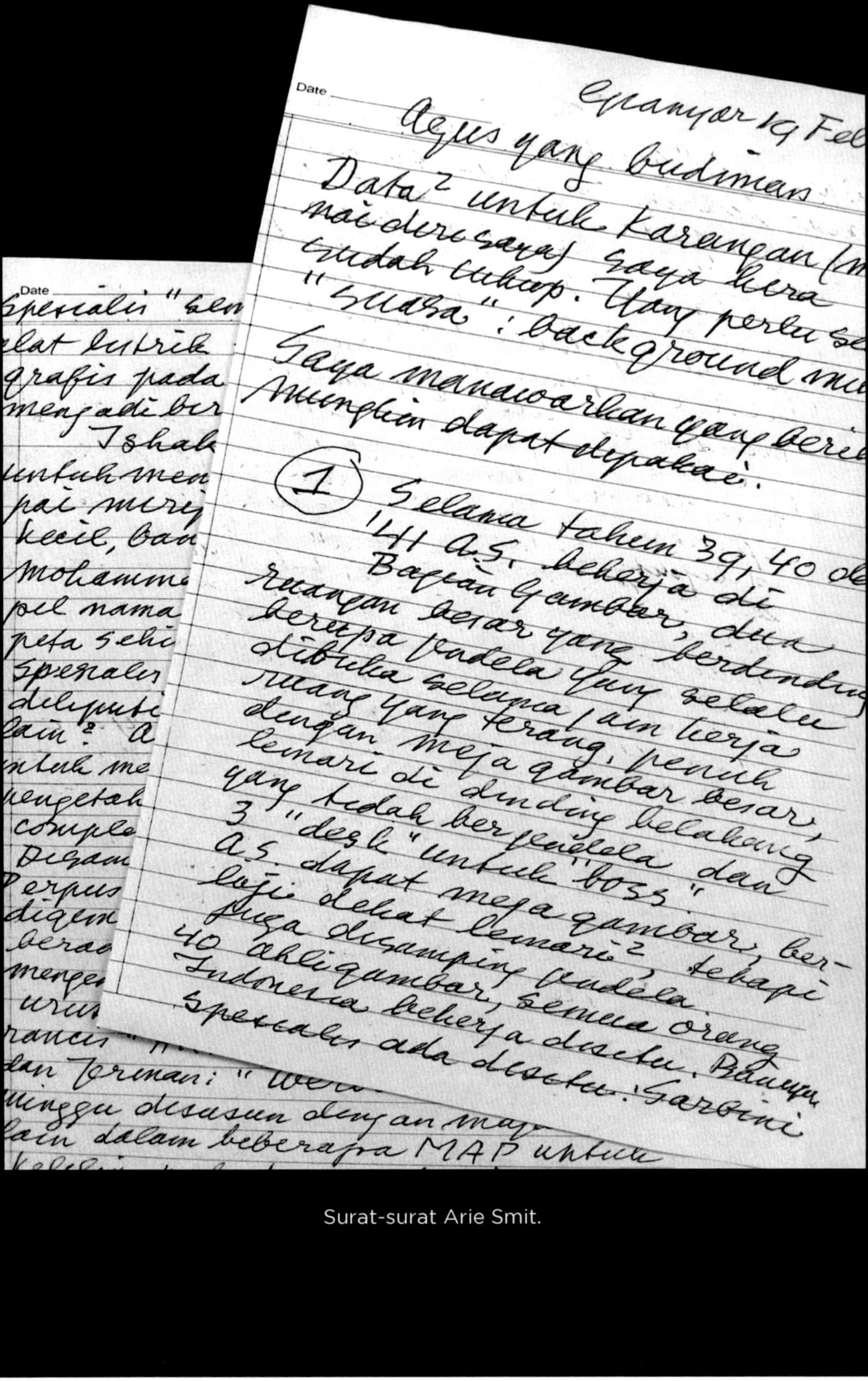

Surat-surat Arie Smit.

September 2012. Ia tidur di Vila Sanggingan yang berperabotan sangat sederhana. Perangkat hidup yang dianggap jauh dari setara dengan kebesaran sosok Arie yang hampir berusia 100, dan dengan kekayaan Arie yang "datang setiap hari" dari lukisannya yang dihargai per sentimeter persegi.

Sejumlah kolektor merasa kasihan, dan lantas merancang urunan guna menyewa perawat yang bisa mengurusi kesehatan Arie. Juga membelikan Arie *velbed* khusus bagi orang tua dan orang sakit, yang secara eletronik bisa dinaikkan dan diturunkan kasurnya. Gambar *velbed* yang akan dibeli sudah beredar di *WhatsApp*. Namun rencana ini dibatalkan. "Mungkin juga itu mau-maunya Pak Arie, yang selalu ingin hidup sangat sederhana. Tapi kan kita tidak tega," kata seorang kolektor dari Jakarta. Para kolektor juga berpikir: anak-anak dan menantu Neka yang berprofesi sebagai dokter bisa saja sudah merancang gagasan serupa. Namun nyatanya hal ini tak pernah terjadi.

Penderitaan Arie ini didengar oleh keluarganya di Belanda, dan didalami oleh Ton van Zeeland, direktur galeri dan teater Erasmus Huis, Pusat Kebudayaan Belanda di Jakarta. Mereka lalu membuat film dokumenter mengenai Arie Smit, yang dikerjakan oleh Marienne Wieberdink dan Hugo van Zoest. Film ini kelak digunakan untuk melengkapi pameran karya-karya Arie Smit dalam "Modern Balinese Painting: The relationship with Rudolf Bonnet & Arie Smit", yang digelar di Erasmus Huis, pada Desember 2013. Karena faktor kesehatan dan ketuaan, Arie tak bisa melongok pameran ini.

Semakin tua, dan semakin banyak penyakit, Arie semakin menarik perhatian. Kehidupan yang unik menjadi intipan para wartawan. Putu Fajar Arcana, yang dikenal sebagai sastrawan, membuat laporan apik sejumput hari tua Arie Smit di *Kompas,* Minggu, 23 September 2012, dalam artikel tanya-jawab berjudul "Arie Smit, Banyan Tua yang Kokoh". Demikian potongannya:

....

Setelah menunggu semalaman, kira-kira pukul 10.00 di awal Juli 2012, Arie Smit membuka pintu. Ia keluar dari dalam bilik sisi kiri, di utara kolam renang Vila Sanggingan, Ubud, Bali, dibantu sebuah kruk. Pelan-pelan ia geser kainnya sebelum melemparkan tubuhnya yang besar di sebuah velbed *di beranda. Pelukis berdarah Belanda itu kini berusia 96 tahun!*

Dari lantai dua sebuah cottage *di lokasi yang sama, di mana saya menginap, terlihat Arie meregangkan tubuhnya beberapa saat. Tak sampai 5 menit ia masuk kembali ke dalam bilik. Kain pantai pembalut tubuhnya tertinggal di atas* velbed. *Pagi itu ia hanya mengenakan* t-shirt *yang dibungkus jaket lusuh, serta topi wol yang warnanya sudah pudar. Harapan untuk bisa bertemu sepertinya tipis. Sejak dulu Arie Smit sangat selektif menerima para tamu. Ia tidak terlampau menyukai keramaian.*

Tak lama berselang I Wayan Wita (40), karyawan Vila Sanggingan, yang selama ini ditugasi Pande Wayan Suteja Neka mengurus Arie Smit, muncul. Seperti biasa, Wita datang membawa sarapan Arie berupa sop labu yang dibeli dari sebuah warung di Ubud.

"Pak Arie setiap hari sarapannya cuma sop labu. Tidak pernah makan nasi, cuma kita siapkan susu dan roti di kamarnya," tutur Wita sembari memberi isyarat akan coba membujuk Arie Smit untuk satu pertemuan singkat.

Pagi beranjak siang. Arie Smit tak juga keluar kamar. Mungkin orang tua itu tertidur setelah sarapan tadi. Sejak dua minggu lalu pelukis yang dikenal sebagai mahaguru Young Artist ini berpindah bilik. Selama bertahun-tahun ia memilih sebuah paviliun di tebing Tukad (Sungai) Campuhan, di bagian belakang vila Sanggingan. Di situlah satu sesi wawancara pernah saya lakukan tahun 1996 silam, ketika Arie "masih" berusia 80 tahun.

"Karena Pak Arie makin tua dan sering sakit, kita pindahkan ke depan. Baru dua minggu," tutur Wita. "Tunggu ya, sebentar lagi..." tambahnya.

Daun pintu berbilah dua bilik Arie tiba-tiba berderit. Arie dibantu Wita bergerak pelan sekali. Ia nyaris seperti menyeret kakinya. Belum sampai di velbed, *Arie berujar, "Anda tinggal di sebelah? Saya senang masih ada wartawan yang mau datang...."*

Ya. Selamat pagi Pak Arie.

Saya akan mati. Pasti. Sekarang sudah berangsur mati. (Tapi) begitu cara mati di Indonesia ya, pelan-pelan. Saya lebih suka mendadak.... (Kalimat ini diucapkan Arie dalam nada humor yang pahit).

Tapi sekarang sehat, kan?

Apa? Sehat? (Arie berkata tegas sembari menegakkan leher dan memonyongkan mulutnya. Pasti itu tanda bahwa pada usia menjelang satu abad ia masih diberi kesehatan oleh semesta.) Menurut Wita, belakangan Arie Smit selalu berkeinginan untuk segera mati. Ia merasa sudah diberi hidup yang begitu panjang di Bali.

....

Wawancara pun berlangsung tidak sebentar, untuk ukuran Arie. Putu Fajar Arcana berhasil menggiring ingatan Arie, agar bisa banyak bercerita. Arie yang biasanya selalu berbicara penuh perhitungan, bisa *nyeletuk* terang-terangan. Misalnya tentang birokrasi di Indonesia sekarang yang rumit dan tidak sesederhana tahun 1950-an, atau atas kasus pameran besar lukisan palsu yang dilakukan oleh seorang kolektor. Ia bahkan menyebut inisial nama kolektor itu dengan jelas, meski kadang terbalik, sambil berkata: "Sayang ya. Dia orang baik yang naif..." Arie juga jengkel ketika mengingat perbuatan si Belanda atasannya di dinas ketentaraan, yang mengambil buku kumpulan sketsanya, dan tak pernah dikembalikan.

Sejumlah orang merasa aneh melihat Arie bisa melayani wawancara bulan Juli itu dengan kondisi tubuh relatif segar, dengan waktu yang tak terlalu pendek. Padahal pada minggu-minggu itu, sebelum dan sesudahnya, kesehatan Arie sangatlah menurun. Sepanjang hari ia tidur lama, seperti orang koma. Beberapa tamu yang datang hanya boleh melongok dari pintu. Penyakitnya semakin komplek ketika diketahui ia juga ada masalah dengan prostat sehingga harus dioperasi di rumah sakit Prima Medika, Gianyar. Bahkan ia juga punya persoalan dengan pencernaan, yang memaksanya beristirahat di rumah sakit. Arie merasa 70 persen dari dirinya sudah tidak ada di dunia fana. Ia lantas beberapa kali ia tenggelam dalam halusinasi tentang surga dan akhirat. Pada 13 Agustus 2012, misalnya, Arie berkata detail bahwa ia dikerubungi para sahabat yang akan mengantar di perbatasan. Padahal waktu itu yang ada di dekatnya hanya Neka dan asisten yang sedang merawat.

Dua tahun lebih Arie tergolek. Semua sahabat dan kenalannya mendoakan yang terbaik untuk Arie. Doa yang pertama tentu agar sehat kembali. Kedua: karena ia sudah amat tua, semoga Arie dijauhkan dari penderitaan, lewat kematian atau kehidupan yang baru. Lalu ketiga: semoga ada mukjizat yang akan mengantar Arie ke usia yang ke-100.

Entah doa mana yang dikabulkan, pada 2015 Arie mendadak bangkit kembali. Sebuah keajaiban, ia bisa duduk cukup lama. Yang paling menyenangkan, bisa diajak bercakap-cakap, tema apa saja, walau dalam tempo yang pendek. Namun matanya sudah tidak bisa melihat apa-apa.

Masyarakat seni rupa Indonesia, masyarakat Bali, masyarakat Ubud, dan spesifik masyarakat Dusun Penestanan berdebar-debar menanti datangnya 15 April 2016, yang akan menggenapkan usia Arie jadi 100. Sejumlah acara sudah dirancang untuk merayakannya. Di Jakarta sejumlah kolektor dan kurator mematangkan ide pameran lukisan-lukisan terbaik Arie Smit, dengan didampingi karya-karya pelukis perkumpulan Young Artist berbagai generasi. Bahkan pelukis dan penulis Lucienne Smit, kelahiran 1953, puteri dari adik Arie terkecil Bert Smit (1926-1998), sudah menyiapkan buku besar. Kitab itu berjudul Arie *Smit: A Painter's Life in the Tropics*, terbitan Pictures Publishers Art Books, Belanda, dengan tebal 280 halaman. Para keponakan lain yang ada di Belanda juga bersiap untuk datang ke Bali.

Pada 23 Maret 2016, Arie menjalani hidupnya dengan biasa. Pagi hari badannya dibersihkan, kemudian disuguhi sereal untuk sarapan. Sementara Neka membawakan sup waluh untuk sarapan tambahan, atau makan siang. Tidak ada sesuatu yang istimewa pada hari itu. Matahari pagi bersinar amat hangat yang menyebabkan Arie menengok ke langit sambil berbisik lemah: "*De maan schijnt*, ya. Bulan bersinar...." Asistennya mengatakan bahwa hari masih pagi. Arie berbisik lagi. "Mungkin bulan akan bersinar terang sekali malam ini." Selesai sarapan, Arie kembali ke tempat tidur dan berbaring tenang.

Pada sore hari sekitar pukul lima kondisi Arie mendadak menurun. Asistennya melihat Arie sangat lemas, napasnya sesak, dan lantas

Lucienne Smit, Jos (suami Lucienne), Suteja Neka, Pande Made Kardi Suteja.

Arie Smit saat menerima penghargaan Dharma Kusuma.

Paviliun Arie Smit di Museum Neka.

kehilangan kesadaran. Neka segera membawanya ke rumah sakit Puri Raharja di Denpasar. Dokter sempat melakukan perawatan dengan alat bantu pernapasan. Namun semuanya terlambat. Pada pukul 20.30 (waktu Indonesia bagian timur) Arie Smit dinyatakan meninggal dunia. Bulan tampak bersinar sangat terang dan sempurna di langit, seperti yang "dilihat" Arie. Masyarakat Bali menyebut momentum itu sebagai Purnama Sasih Kedasa, dan dianggap sebagai malam terbaik dalam kalender Bali.

Arie pun pergi untuk selamanya pada Rabu, 23 Maret 2016. Masyarakat seni rupa Indonesia bersedih. Padahal, kurang 3 minggu Arie berusia 100. Mengapa Arie tidak sabar menunggu?

Jenazah Arie disemayamkan di rumah duka Rumah Sakit Angkatan Darat, Denpasar. Lalu pada Kamis, 24 Maret 2016 diadakan misa rekuiem yang dipimpin pastor I.G.B Kusuma Wantha dari Paroki Gianyar. Seusai misa, Pastor Wantha mengatakan bahwa sejak beberapa tahun lalu Arie selalu minta didoakan agar segera dipanggil Tuhan. Arie merasa sudah terlalu lama hidup di dunia. "Kini doa itu terkabul," katanya.

Terompet pencet di kamar Arie, untuk memanggil asisten.

Misa itu hanya dihadiri umat Katolik dari Paroki Santa Maria Ratu Rosari, Gianyar, dan keluarga besar Suteja Neka, sehingga tampak senyap. Kesan ini tergambar setidaknya apabila diukur dari kosmologi hidup Arie yang besar, amat baik, amat panjang, dan sangat banyak memiliki kawan.

Banyak sahabat Arie yang berkata bahwa pelepasan jenazah Arie dilakukan terlalu cepat. Idealnya tanggal 26 atau 27 Maret, sehari atau dua hari setelah Paskah. Bahkan pada 24 Maret itu masyarakat Bali juga sedang menyelenggarakan upacara adat.

Memang, apabila ada tenggang waktu, para penyanjung Arie Smit akan berdatangan dari segala penjuru. Masyarakat Penestanan bahkan akan berombongan ke situ. Para pelukis, budayawan, dan pengelola budaya Bali bersiap untuk melayat, termasuk sejumlah sanak saudara dari Belanda. Arie yang memiliki latar belakang kehidupan dari keluarga yang amat kaya sangat layak mendapat pelayanan perpanjangan waktu pelayatan. Ia pun pantas untuk mendapat penghormatan terakhir yang berlebih. Namun itu tak terjadi.

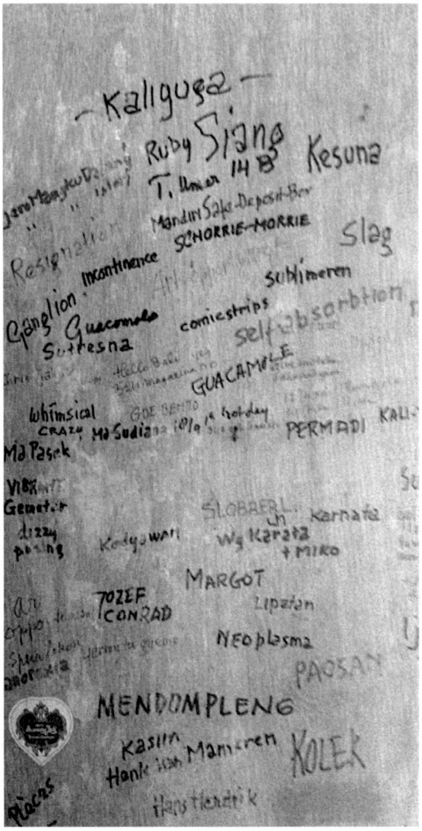

Grafiti Arie di kamarnya.

Misa baru beberapa detik berakhir. Tiba-tiba langit yang terang menurunkan petir ke dekat ruang misa rekuiem. "Halilintar! Bunyinya keras sekali. Mengagetkan semuanya!" kata Ketut Tama, satu dari dua pelaku seni Ubud yang sempat datang ke upacara kematian, selain Ngurah K.K. Ihwal halilintar ini juga dicatat oleh majalah *Tempo*, edisi 1 Mei 2016: "Begitu misa berakhir, suara petir menggelegar sangat dekat, kemudian hujan turun rintik-rintik."

Keajaiban ini membawa ingatan kepada kematian Yang Mulia Resi Bisma dalam cerita *Mahabharata*. Begitu kalah berlaga melawan Srikandi, dan gugur terkapar dalam sanggaan 3.333 anak panah di padang Kurusetra, halilintar turun dari langit. Konon, halilintar mempercepat perjalanan Bisma menuju ke nirwana atau swargaloka.

Pada sore hari jenazah Arie dibawa ke krematorium di Mumbul, Jimbaran. Rangkaian acara kremasi juga diselenggarakan dengan cepat. Jenazah Arie sudah menjadi abu dalam waktu tak lebih dari 40 menit. Abu itu lalu dimasukkan ke dalam guci putih. Kemudian keluarga Suteja Neka membawa guci abu ke Pantai Matahari Terbit, Sanur, untuk dilarung atau ditebar di laut, sekitar 300 meter dari garis pantai.

Kehidupan Arie pun jadi sempurna. Di Sanur yang berkelimpahan cahaya matahari, ia mulai merintis kariernya di Bali. Di Sanur ini pula ia memulai perjalanan di alam bakanya, sambil setiap pagi dalam sepanjang zaman menunggu matahari terbit.

Kamar memorabilia Arie di Vila Sanggingan.

Kehidupan Arie sudah selesai. Tapi kenangan orang tentang Arie rasanya akan melantun amat panjang. Kenangan itu dihadirkan lewat Rumah Memorabilia Arie Smit di Vila Sanggingan, Ubud, yang oleh Neka dibuka untuk umum, sebagai bagian dari Paviliun Arie Smit di Museum Neka.

Rumah teduh itu masih seperti saat ditempati Arie. Ada kursi yang menghadap Gunung Agung di depan pintu. Ada meja panjang di sebelah kanan serambi, tempat dulu Arie membeber lukisan. Di dalam ruangan ada ranjang untuk berdua, meski Arie sepanjang hidupnya tidur sendirian. Ranjang itu berbantal dan berselimut rapi seperti biasa ditata Arie. Ada sepasang sepatu yang pernah menghantar Arie *blusukan* ke mana-mana. Ada lemari. Ada dua kopor, "sahabat" Arie kala berpindah-pindah tempat. Ada terompet pencet yang dipakai untuk memanggil asisten kala dia sakit. Ada peti lukisan. Ada hiasan kayu berbentuk lelaki telanjang menari, karya pelukis Symon. Ada sejumlah buku yang disukai Arie. Di dapur, ada perabotan untuk masak dan makan.

Di banyak sisi dinding, daun pintu serta benda-benda besar yang ada di situ, bertebaran grafiti Arie yang menuliskan berbagai hal. Ada "catatan harian", nama rumah sakit, jumlah berat badan, nama obat, nama orang Jawa yang ia kenal baik, seperti Tukiman. Ada tulisan ungkapan "*Nothing can be done, everything is possible*". Di atas tebaran nama-nama orang yang agaknya ingin ia kenang, terdapat tulisan "Kaliyuga", yang artinya: zaman *chaos*, morat-marit, *ancur-ancuran*, karena manusia sudah kehilangan perilaku baiknya.

Yang ditinggalkan sungguh sederhana, seperti kehidupannya.

***

Lukisan Arie Smit, "Bali Malam"

V

Orang-orang Istimewa di Sekitar Arie

SETELAH dilahirkan, saya dilatih orangtua untuk merangkak, berjalan, dan berdiri. Ketika beranjak dewasa, saya ditolong siapa saja untuk menjadi manusia. Kedua kalimat itu bukan eksplisit dari Arie Smit, namun merupakan sublimasi semua cerita yang diungkap Arie, ketika ia mensyukuri betapa ia merasa sudah menjadi figur yang berharga.

Berkali-kali ia menceritakan kebaikan orang-orang yang mengantarkannya ke bukit reputasi tinggi. Berikut ini adalah catatan kecil mengenai orang-orang yang ia anggap sangat berjasa dalam hidupnya, selama sepanjang hayat tinggal di Indonesia.

Miguel Covarrubias (1904-1957)

Miguel Covarrubias

Miguel Covarrubias datang ke Bali pada 1930, atas sponsor Guggenheim Fellowship. Sepulang dari Bali ia diangkat sebagai profesor di perguruan tinggi antropologi di Meksiko. Keterampilannya membuat ilustrasi dipakai di banyak buku dan media massa. Reproduksi lukisannya dijadikan ilustrasi di media cetak internasional *New Yorker*, *Vogue,* sampai *Vanity Fair*.

Covarrubias adalah ilmuwan pertama yang mengangkat kebudayaan dan kesenian Bali melalui buku *Island of Bali*. Buku ini menjadi referensi pertama yang membawa turis sekaligus pelukis sejagat untuk datang ke Bali, dan untuk kemudian sebagian dari mereka tinggal di Bali. Arie Smit membaca buku itu ketika ia sudah bermukim di Bali.

"*Island of Bali* memberikan kemantapan kepada saya untuk tinggal di sini. Covarrubias juga memberi banyak petunjuk, bagaimana orang seperti saya tidak menjadi makhluk aneh di Pulau Dewata," katanya.

Arie juga mengatakan, buku Covarrubias seperti mengingatkan: tulisan dan gambar adalah alat dokumentasi utama segala peristiwa, baik yang kasatmata maupun yang tidak kasatmata. Arie menyesal, dirinya tak sempat berjumpa dengan Covarrubias, yang lahir di Meksiko pada 22 November 1904, dan wafat pada 4 Februari 1957.

Theophile Suijkerbuijk

Theophile, kelahiran Rosendaal en Nispen 1925, adalah ahli gambar yang mendapat sertifikat dari sekolah seni rupa Utrecht. Ia datang ke Indonesia pada 1947, bersama "Divisi 7 Desember". Divisi ini menyandang tugas melakukan Aksi Pendudukan, yang kemudian ber-

Theophile Suijkerbuijk

ujung dengan Aksi Polisionil. Namun begitu melihat Jakarta, Theo jadi tidak tertarik sama sekali kepada politik Belanda. Di kota ini ia lantas banyak melakukan perjalanan membuat sketsa yang sebagian diperuntukkan bagi majalah *Orientatie* dan *Wapenbroeders*, media komunikasi lembaga tempatnya bekerja, Dienst Legercontacten (Jawatan Penerangan Angkatan Bersenjata). Karyanya sering cuma bertanda tangan "T".

Dalam perjalanan susur kota itu Theo mengenal Arie, yang juga suka keluyuran. Theo dan Arie lantas bersahabat. Arie mengaku, Theo sangat memberi spirit agar ia bangkit sebagai seniman sejati. Theo bahkan mengajak Arie untuk bersama-sama membuat pameran. Itu akhirnya dilakoni beberapa kali, tak peduli biarpun hanya sebuah pameran kecil. Apabila ada obyek yang menarik, Theo selalu mengatakan kepada Arie, "Ayo gambar, gambar, gambar!" Dari Theo pula Arie merasa bahwa karya seorang penggambar bisa dihargai seperti karya seni lukis.

Arie mengingat, untuk menyemangatinya, Theo mengajaknya melihat Toko Oekon yang terletak di Rijswijkstraat (kemudian dikenal sebagai Jalan Ir. H. Djuanda). Toko milik saudagar Tionghoa itu menjual karya-karya seni. "Pasti kamu ingin karyamu dipasang dan dijual di situ dengan harga mahal," kata Theo. Selama di Jakarta, Arie dan Theo kerap *ngopi* bersama.

Auke Sonnega (1910-1963)

Auke Cornelis Sonnega lahir di Leeuwarden, Belanda, 9 Maret 1910. Ia mempelajari seni grafik, seni lukis, serta desain tekstil di Kunstnijverheidschool, Amsterdam. Tahun 1935 ia ke Batavia, dan bekerja di biro

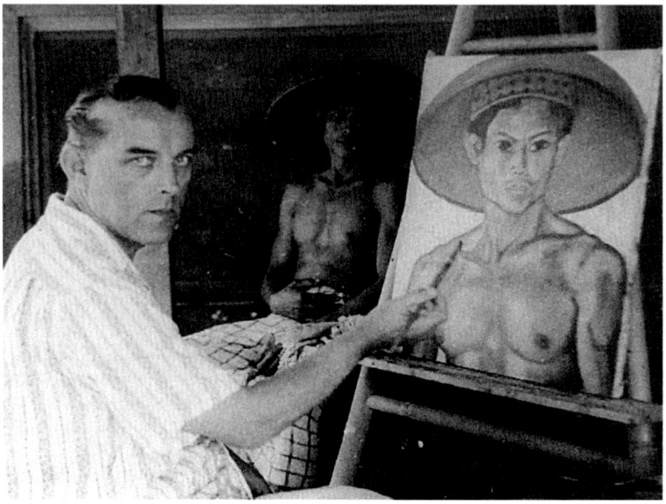

Auke Sonnega

advertensi Preciosa sebagai desainer. Kehidupan ekonominya cukup baik sehingga ia bisa memiliki moge (motor gede) Harley Davidson. Dengan moge itu ia berkeliling Indonesia di kala senggang, sampai ke Bali pada 1937. Ketika Jepang menguasai Indonesia, Sonnega ikut ditangkap. Di dalam bui ia banyak membuat sketsa tentang tahanan perang. Ia tinggal di banyak kota dan cukup lama tinggal di Batavia.

"Pada tahun 1956 saya bersama Sonnega menuju Bali. Ia semangat mendorong saya ke Bali, dan menyarankan saya hidup di Bali. Sementara ia ke Bali hanya untuk rekreasi, demi kepentingan melukisnya saja. Seperti ketika ia tinggal di Brastagi, Sumatera. Ia pelukis intelek yang suka menulis. Ia petualang. Saya terpengaruh," cerita Arie Smit.

Sonnega meninggal pada 19 Desember 1963 di Scheveningen. "Sebagai sahabat, ia selalu minta dikritik. Ketika ia pameran, kalau saya tidak mengkritik, ia akan marah," kisah Arie.

Jim Pandy (1916-1982)

Jim Pandy, atau James Pandy, bernama lengkap James Clearance Pandy. Lelaki berdarah Manado ini dilahirkan tahun 1916, dan wafat

Lukisan Jim Pandy

pada 1982 di Bali. Awalnya ia bekerja sebagai pemandu wisata di bawah biro Thomas Cook, yang melayani turis internasional. Namun pasca-Perang Dunia II, tepatnya 1947, ia berbelok menjadi pengelola *art shop* di Sanur, dengan memanfaatkan pengalamannya sebagai pengelola biro wisata. *Art shop* itu tumbuh jadi galeri ketika mendapat dorongan dari Presiden Sukarno, yang menginginkan adanya etalase seni rupa Indonesia di Sanur, kawasan pantai terkenal di Bali sejak 1950-an. Galeri Pandy resmi berdiri tahun 1952.

"Pandylah yang memanggil saya dari Ubud untuk pindah ke Sanur. Dan Pandy pula yang berani memposisikan diri sebagai agen karya-karya saya, yang waktu itu belum laku. Tanpa Pandy, saya akan pusing cari pembeli. Pandy bikin saya bisa punya kesempatan jalan ke mana-mana mencari obyek lukisan, tanpa memikirkan pemasaran," kata Arie.

Pandy telah mengenal nama Arie sejak 1947, bersamaan dengan berdirinya Universitaire Leergang Voor de Opleiding van Tekenleraren (Balai Pendidikan Universiter Guru Gambar) di Bandung, yang kemudian jadi Fakultas Seni Rupa dan Desain ITB. Namun pertemuan baru terjadi pada 1956, ketika Arie berdiam di Bali.

Rudolf Bonnet (1895-1978)

Rudolf Bonnet

Rudolf Bonnet dilahirkan di Amsterdam, 1895. Ia menempuh pendidikan seni lukis dan seni kerajinan di akademi seni Amsterdam. Untuk memperdalam keseniannya ia pernah menetap di Italia selama 8 tahun. Pada 1929 ia menyatakan ingin tinggal di Bali. Ia lalu membuat studio di Campuhan, Ubud, atas dukungan Tjokorda Gde Agung Sukawati. Pada 29 Januari 1936, bersama Walter Spies dan Tjokorda ia mendirikan perkumpulan seni Pita Maha, yang menampung dan memberikan pengarahan pelukis-pelukis tradisional Bali. Pada 1956 ia membuat perkumpulan terusannya, Golongan Pelukis Ubud.

Arie kenal baik dengan Bonnet, tapi tidak benar-benar akrab. Pasalnya, Arie senang berjelata-ria bersama masyarakat kecil, berbeda dengan Bonnet yang cenderung senang dengan kalangan raja, pangeran, di berbagai puri. Namun Arie sangat mengagumi Bonnet.

"Sikap Bonnet terhadap kehidupan dan seni, serta hasratnya untuk berbagi ilmu kepada orang-orang terdekat, sangatlah baik. Itu saya tiru. Dia *special*, dan menginspirasi," katanya. Pada 1958 Bonnet terpaksa pergi dari Indonesia karena urusan politik Indonesia-Belanda, berkenaan dengan perebutan Irian Barat.

Walter Spies (1895-1942)

Walter Spies

Ia pelukis kelahiran Moskow, Rusia. Ketika muda, ia migrasi ke Jerman sehingga disebut sebagai seniman Jerman. Pada 1923, ia datang ke Indonesia sebagai pemusik yang khusus memainkan piano. Dengan dentingan pianonya, Spies pernah menjadi pengisi suara film bisu di gedung bioskop Bandung. Kemahiran Spies ini didengar oleh keluarga keraton Yogyakarta. Spies pun diundang untuk melatih orkes Barat di keraton. Di situ Spies sempat mempelajari gamelan. Keterlibatan Spies di keraton didengar oleh Tjokorda Gde Raka Sukawati. Spies pun diundang ke Ubud, Bali, untuk kemudian tinggal di Ubud pada 1927. Selama di Bali Spies juga menggubah musik serta merancang drama-tari. Bahkan ia disebut-sebut sebagai penggubah koreografi dan dramaturgi tari kecak, dari yang semula sangat magis menjadi agak turistik, seperti banyak dipertunjukkan di Bali sekarang.

"Sejarah Spies sudah saya dengar sejak saya di Batavia. Karena itu, ketika Tjokorda menawari saya tinggal di bekas kediaman Spies di Campuhan, hati saya tergetar. Bahkan di situ saya berjanji kepada diri sendiri untuk menjadi orang yang berguna bagi masyarakat lokal. Di studio Spies juga saya mulai mengajar melukis seorang anak dari Penestanan."

Walter Spies meninggal secara tragis di sekitar Laut Makassar, ketika kapal yang ditumpanginya, Van Imhoff, dibom Jepang pada 1942.

Jusuf Wanandi

Jusuf Wanandi

Bernama asli Liem Bian Kie, Jusuf Wanandi dilahirkan Sawahlunto, Sumatera Barat, 15 November 1937. Sekolah menengah ditempuhnya di SMA Kanisius Jakarta. Kemudian ia mengambil kuliah hukum di Universitas Indonesia. Ia gemar berolahraga dan selalu mengikuti perkembangan politik. Maka dari itu, pada 1964-1965 ia diangkat sebagai Sekretaris Dewan Pertimbangan Agung. Pada tahun-tahun berikutnya ia menjadi wakil Sekjen Golkar. Pada masa yang panjang ia duduk sebagai Dewan Direktur CSIS (Center for Strategic and International Studies).

Selain dikenal sebagai politikus ulung, ia diketahui sebagai *connoisseur* (penggemar seni rupa sejati) sejak lama. Ia tahu nama Arie sejak 1960-an. Pada 1970-an ia diperkenalkan kepada Arie oleh seorang rekannya, petinggi Palang Merah Indonesia. Sejak itu Jusuf merasa dekat dengan lukisan-lukisan modern Arie. Sementara itu Arie mengaku, bahwa seni lukis karyanya banyak dipromosikan Jusuf kepada para diplomat asing yang ada di Jakarta. Arie dan Jusuf semakin punya hubungan dekat pada 1980. Jusuf sering menyarankan agar Arie mau muncul secara terbuka ke masyarakat luas, lewat pameran-pameran.

"Kalau keluyuran terus, kucing pun tak tahu," kata Jusuf, seperti ditirukan Arie. Itu sebabnya pada 1990 lukisan Arie dipamerkan di Gedung CSIS, Jalan Tanah Abang III – 27, Jakarta, oleh Jusuf. Nama Arie pun kembali moncer di angkasa seni rupa Indonesia. Jusuf memiliki banyak lukisan Arie Smit, sebagai bagian dari jajaran koleksi yang dimiliki.

"Selain menyenangi karya saya, Jusuf juga sangat mencintai Bali. Itu sebabnya ia menggagas gerakan seni Bali Bangkit, ya. Dia pendorong saya yang luar biasa," kata Arie.

Sutan Takdir Alisjahbana (1908-1994)

Sutan Takdir Alisjahbana

"Kehidupan saya di Bandung jadi sangat terisi ketika berkenalan dengan Sutan Takdir Alisjahbana. Berhadapan dengan dia, saya jadi orang bodoh. Tapi begitu berpisah, saya merasa jadi orang paling pintar," cerita Arie Smit.

Pada 1949 Arie bekerja di percetakan dan penerbit A.C. Nix di Bandung. Di situ ia banyak menerima *opdracht* desain-desain buku dan ilustrasi dari Takdir. Di samping membicarakan desain dan motif ilustrasi, Takdir sering mengajak diskusi mengenai kebudayaan. "Saya ingin mengadopsi sebanyak-banyaknya kebudayaan modern Barat untuk kemajuan peradaban Indonesia yang masih tradisional," kata Takdir, seperti ditirukan Arie.

Sebagai intelektual, Takdir memang selalu butuh masukan dan senantiasa minta dikritik. Dan Arie tidak segan-segan melakukannya. Pada suatu kali Takdir menunjukkan karangannya yang pertama, *Tani Brijen*, yang dibuat kala dirinya berusia 17 tahun. Arie diminta membaca dan mengkritik, "Saya tahu, *jij hebt altijd alleen kritiek op mij* (Saya tahu, kamu selalu mengkritik saya)," ujar Takdir dengan bersahabat.

Profesor Takdir lahir di Natal, Sumatera Utara, 11 Februari 1908. Sejak muda ia mendalami kebudayaan dan bahasa sehingga ia lalu belajar di Letterkundige (Literaire) Hoge School. Ia mendapat gelar doktor bahasa dan sastra dari Universitas Indonesia pada 1979. Sejak tahun 1940-an ia sangat dikenal sebagai ahli bahasa, dan tokoh sastra Poedjangga Baroe. Arie pernah bertamasya ke Eropa bersama Takdir pada 1951. Takdir, yang memiliki pesanggarahan di Toyabungkah, Bali, wafat pada 17 Juli 1994.

Suteja Neka

Suteja Neka

Pande Wayan Suteja Neka dilahirkan di Peliatan, Ubud, 21 Juli 1939. Ia adalah putra seniman patung Wayan Neka, pencipta patung garuda, yang desainnya terus dipakai sampai abad ke-21. Suteja Neka adalah guru sekolah menengah pertama yang beralih profesi menjadi saudagar seni. Ia mendirikan Neka Art Gallery di Ubud pada 1966. Dengan dukungan istrinya, Gusti Made Srimin, galeri itu memperoleh sukses. Dari situ Neka mewujudkan gagasan besarnya, mendirikan Museum Neka di Campuhan, Ubud. Museum ini dianggap sebagai perintis museum seni rupa swasta di Bali. Museum diresmikan oleh Menteri Pendidikan dan Kebudayaan Prof. Dr Daoed Joesoef, pada 7 Juli 1982.

"Neka adalah orang yang sangat berjasa kepada hari tua saya. Sejak tahun 1992 ia menyediakan akomodasi, yang boleh saya tempati seumur hidup. Ini hebat. Tanpa Neka dan Ibu Srimin, saya mungkin masih berada di sekitar hutan Sangeh," kata Arie Smit.

Bersamaan dengan itu, Neka diberi hak oleh Arie untuk memasarkan dan memamerkan karya-karya Arie di mana saja. Puluhan lukisan Arie Smit juga diabadikan dalam paviliun khusus di Museum Neka.

Neka adalah budayawan penerima berbagai penghargaan penting dari pemerintah Republik Indonesia, seperti medali Dharma Kusuma dari Pemerintah Daerah Bali, serta Anugerah Seni dari Menteri Pendidikan dan Kebudayaan. Sejak 2009, Neka menyerahkan pengelolaan Museum kepada putranya, dokter Pande Made Kardi Suteja, SpU. Kini tak hanya lukisan yang dipajang, namun juga ratusan keris Nusantara.

Han Snel
(1925-1998)

Han Snel

Han Snel bernama lengkap Johannes Snel, dilahirkan di Scheveningen, Belanda 1925. Ia lulusan sekolah seni grafik. Seperti Arie, ia ke Indonesia juga karena ditugaskan sebagai tentara. Hanya bedanya, Arie ditugaskan ketika Indonesia belum merdeka, Snel didatangkan pada pascakemerdekaan 17 Agustus 1945, sebagai serdadu NICA. Ketika Belanda mengakui kedaulatan Indonesia pada 1949, Snel meneguhkan diri untuk berdiam di Bali, dan jadi orang Bali.

Snel adalah pelukis Belanda yang sering menenteramkan hidup Arie di Ubud. Ia sering meminjamkan bilik rumahnya untuk studio Arie. Apabila tak ada bilik, Snel mencarikan rumah di dekat kediamannya. "Snel selalu ingin mengawasi saya. Ketika Bali dilanda kengerian berkait dengan pembunuhan orang-orang komunis, saya kembali ke Ubud, dan mendekat kepada Han Snel. Aman!" kata Arie.

Snel adalah pelukis yang hidup tenang dan makmur di Bali. Ia beristrikan wanita Bali, bernama Made Siti, yang kemudian oleh Snel dijadikan nama resto dan *home stay* miliknya di Ubud. Snel sering ikut dalam berbagai pameran di Bali, Jakarta, dan mancanegara. Pameran tunggal pernah ia lakukan di Itoh Gallery di Tokyo, Duta Gallery, dan Frank Gallery di Jakarta. Ia meninggal di Denpasar pada 28 Mei 1998.

***

Arie Smit, 2012.

VI

Membaca Karya Tulis Arie

ARIE Smit datang ke Hindia Belanda sebagai serdadu yang diposisikan sebagai pembuat topografi. Namun kegemarannya dalam membaca, serta kebiasaannya untuk berpikir analisis, mendorong dirinya untuk melakukan kegiatan menulis. Hal itu diawali ketika dirinya ditugaskan sebagai pengurus perpustakaan, yang mencakup kerja pendokumentasian. Pekerjaan ini membawanya pada kesimpulan: tanpa dokumentasi, sejarah akan berhenti. Andaipun berjalan, sejarah akan ditaburi tafsiran. “Karena itu saya harus mencatat segala yang perlu dicatat,” katanya. Catatan itu adalah tulisan.

Arie mengawali kegiatan menulis dengan membuat surat kepada ayah, ibu, kakak, dan adiknya di Belanda. Surat-surat itu awalnya pendek-pendek lantaran dituliskan di atas kartu pos bergambar. Namun apabila ada yang penting untuk diceritakan lengkap, ia akan membuat surat yang panjang. Dalam menulis surat, Arie biasanya memasukkan berbagai data yang dihadirkan lewat kalimat-kalimat sastrawi. Itu sebabnya sejak 1938, puluhan kartu pos dan surat Arie yang mempesona gaya bahasanya itu selalu disimpan apik oleh sanak keluarganya di Belanda.

Kebiasaan menulis ini ditingkatkan ketika ia terbebas dari penjara dan kerja paksa Jepang, 1945. Di tengah tugas sebagai topografer yang diembannya kembali, ia mencoba menulis artikel dan kritik seni di berbagai media massa di Indonesia yang berbahasa Belanda. Puluhan artikel kebudayaan dan kritik seni telah ia publikasikan. Ada yang panjang, agak panjang, juga yang pendek. Arie mengatakan, Sutan Takdir Alisjahbana, tokoh sastra Pujangga Baru, memuji tulisan-tulisan Arie yang pendek-pendek karena selalu elok masuk kepada inti, dengan isi yang memancing pembaca untuk membikin analisis lanjutan. Ketika memasuki tahun 1950, Arie menulis dalam bahasa Indonesia.

Kegiatan menulis ini diam-diam diakhiri ketika ia memasuki usia 70, atau sekitar medio 1980-an. Sejak masa itu ia mengaku sangat jarang menulis surat kepada siapa pun, apalagi menulis artikel. "Saya mau konsentrasi melukis saja. Saya ingin menyendiri saja," ujarnya. Namun demikian, di kala senggang ia masih pula membuat catatan-catatan panjang untuk kepentingannya sendiri, yang kemudian diselipkan di dalam lemari. Sekali waktu saja ia menulis surat-surat spesial yang dikirim ke satu-dua sahabatnya.

Dalam karangannya, ia sering menggunakan nama samaran *A.S*, *A.W.S,* atau *A.W. Smit*, singkatan dari Adrianus Wilhelmus Smit. Selain tentu nama populernya: *Arie Smit*. Berikut adalah beberapa kritik seni dan esai karangan Arie Smit yang dimuat di berbagai koran. Karya-karya yang menandai ketinggian intelektualitasnya.

Besakih

Oleh A.W. Smit

(Dimuat koran berbahasa Belanda, *Niewsgier*, Jakarta, April 1946.)

Kami sedang berada di kawasan Besakih sekarang. Besakih adalah pura Bali pertama di antara tiga raksasa Agung. Ini pagi yang nyaman. Langit berawan mendung, yang mungkin saja akan menurunkan gerimis. Jip meluncur menanjak tanpa kepulan debu. Karangasem sudah jauh di belakang kami, namun masih tetap tampak dalam pandangan. Jalan ini terus memutar. Rumput-rumput yang lembut tampak meratakan jalan.

Kini kami sudah sampai di dataran yang lebih tinggi. Kelihatan teras-teras sawah di kiri dan kanan jalan, dengan pohon-pohon dan sapi menghiasi. Lalu kami terus menanjak menuju ke Besakih.

Sekarang kami melihat raksasa itu mengapit pendakian kami dengan pongah. Tapi kami memahami itu karena pura Besakih dikenal dan diibaratkan sebagai Raja Segala Gunung. Ia tampil masif, tegap,

Pura Besakih

dengan awan-awan yang mempersembahkan kekaguman berlebihan. Kini jalan lurus dan melebar. Apakah ini pertanda bahwa kami sudah sampai di tujuan? Jalan memang begitu luas sehingga mungkin bisa dilewati 10 mobil yang berjalan bersisian. Rumput-rumput hijau dan tebal melatari. Bagai menantang langit, banyak meru mencuat dengan warna hitam. Kokoh, tegak, dan kuat menghadirkan perspektif.

Semakin banyak kami mendaki, sepertinya semakin banyak yang mendekati kami. Sampai akhirnya jip berhenti mendadak. Kami keluar, dan tiba-tiba kami merasa sangat kecil ketika memandang tangga pertama pura itu. Kemudian pintu gerbang itu. Dan teras-teras yang menjaga meru 9, 10, 11, dengan serial atap yang bertingkat-tingkat. Menara-menara hitam itu tegak menghadap ke atas.

Sekarang kami harus mendapatkan waktu yang baik untuk mengistirahatkan kepala, mematikan mesin mobil. Sigaret-sigaret segera kami matikan (Bukan karena takut, namun...). Kenyataannya, di sini tempatnya luas dan nyaman. Sementara yang menyebabkan ketidaknyamanan adalah pikiran yang berperspektif kengerian: seperti ketika saya menyeberangi jembatan bawah Rotterdam Maas dengan sebuah kapal kecil, dengan suasana sangat berdesakan di situ.

Wah, tak ada yang bisa menyangkal! Pura Bali ini mengagumkan dan saya rasa orang Bali mempunyai bakat kepala batu yang efektif. Setelah melewati gerbang monumental kami mencapai taman luas, dengan meru-meru, bale-bale, yang tertata rapi di dataran. Di undakan tangga saya istirahat sambil membuat sketsa dengan cepat. Saya diberi tahu, pura ini tidak tua-tua amat karena bagian terbesar dibikin pada 1922. Namun lokasinya, sebagai cagar alam dan sebagai sebuah tempat ziarah, menjadikannya sangat cantik, istimewa, dan antik. Rupanya, sesuai dengan lokasinya, pura itu didedikasikan untuk Dewa Ular Besakih, yang dikenal sebelum Hindu masuk Bali.

Kami berjalan naik-turun tangga, melewati meru-meru dan beristirahat di bawah pohon di atas bale. Di situ kami berkontemplasi: betapa gunung bisa dipindahkan oleh sebuah kepercayaan. Jutaan batu, blok-blok granit yang berat, balok-balok ditarik ke atas gunung. Lalu tangan orang-orang yang beriman mengolahnya dengan ketajaman batin. Untuk kemudian diwujudkan dalam pura kelabu monumental.

Para pembuat pura itu mencegah adanya penambahan dekorasi, seperti jumbai-jumbai atau hiasan gaya Arabesque, misalnya. Tak ada warna biru, warna emas, atau merah darah naga. Besakih adalah kebijakan agung yang jauh dari percobaan pengindahan. Inilah cara orang Bali berpikir, bahwa tak ada satu dewa pun yang bisa dikelabui.

Saya tidak tahu pasti, namun saya yakin bahwa dewa pemilik pura ini pastilah dewa terbesar. Dan sesuatu yang besar dipercaya hidup dalam kesederhanaan. Dari sini orang Bali mengambil air suci untuk menahbiskan aneka pura baru yang ada di bawah. Dari sini mereka menggelar upacara-upacara. Inilah Roma, inilah Mekah.

Kami berkeliling lagi, mengistirahatkan bedil-bedil kami. Di kejauhan sana terletak Nusa Penida, juga Klungkung, dan... sebuah karavan imajinasi yang membawa saya ke mana-mana. Dengan karavan itu saya menggubah warna-warni Bali sebagai persembahan.

Tiba-tiba sekarang terasa sunyi di sini. Sunyi. Bahkan tak tampak sebuah kampung pun. Di sana jip kecil kami tampak menunggu.... ***

Pameran Pelukis-Pelukis Indonesia

Oleh A.S.

(Koran berbahasa Belanda, *Niewsgier*, Senin, 9 Agustus 1948)

Minggu ini terselenggara pameran karya para pelukis Indonesia yang tergabung dalam Perkumpulan Seniman Gelanggang. Kebanyakan dari mereka adalah warga Indonesia asli. Pameran diadakan di Hotel Des Indes, Batavia.

Sambil berjalan saja kita bisa memperhatikan perbedaan yang muncul dalam 60 lukisan yang dipamerkan di situ, yakni lukisan yang berbasis Yogya atau Solo, dan yang berbasis Batavia.

Manifesto terakhir penciptaan seni adalah inovasi untuk menembus paham lama yang terlalu dipuja, yang akan menyeragamkan perjalanan teknik dan titik-titik pandangan. Namun inovasi ini tidak tampak dalam pendekatan-pendekatan pelukis Yogya. Alhasil sejak 1942-1943

Lukisan Hendra Gunawan.

karya para pelukis Yogya tidak memperlihatkan perkembangan yang signifikan. Hanya Sudjojono dan Affandi yang hadir selaras dengan pikiran zaman.

Pameran ini belum menghadirkan kekuatan jati diri setiap seniman. Maka ketika kita ingin mendapat konklusi dari pemahaman bahwa sebuah pameran yang menarik harus menghadirkan kultur sosial lewat pandangan artistik sebuah pribadi, pameran ini belum berhasil. Banyak pelukis Yogya yang masih terkungkung dalam teknik-teknik klise. Di situ kehalusan Indonesia tak tersuarakan di setiap kanvas. Karena semua tenggelam dalam persoalan-persoalan penciptaan karya yang sekadar artistik.

Seniman-seniman Batavia lebih berkeinginan, dan bahkan mampu, bergerak ke arah yang baru dan bernas. Ini memungkinkan mereka mempertunjukkan jalan yang benar kepada teman-teman seniman mereka. ***

Pameran Sonnega

Oleh A.W. Smit

(Koran berbahasa Belanda, *Het Dagblad*, April 1947)

Sonnega, yang mempunyai waktu banyak di Bali dalam masa sebelum perang, berpameran dalam sebuah bangunan besar. Di kamar yang kecil, beberapa lukisan dan *drawing* yang menandai pengaruh Bali, dipajang. Pengaruh Bali yang saya maksud di sini bukan pada pilihan tema-temanya, seperti penari, gamelan, atau figurnya. Namun lebih spesifik kepada metodenya dalam mengolah titik pandang kesenilukisan. Ia agaknya melihat bagaimana orang-orang Bali mengolah bakatnya sendiri, lewat metode yang diajarkan Walter Spies. Maka Bali tidak dilukiskan wujudnya, tetapi spiritnya.

Kenikmatan mengerjakan detail serta kecintaannya kepada obyek dilebur dalam rasa komposisi lukisan-lukisan di pameran ini. Sehingga yang muncul adalah suasana Bali yang dilukiskannya. Kita tentu tidak bisa mengharap Sonnega juga merefleksikan jiwa Bali untuk seninya. Juga terlalu dangkal kalau ia melakukan itu. Tapi ia sudah berusaha menangkap Bali dengan persepsi internal.

Lukisan Auke Sonnega

Ia tampak selalu menomorduakan bentuk dan warna yang sesungguhnya hadir dalam komposisi yang bagus. Dan apa yang dikerjakan kelihatan untuk mencapai gagasan "impresionisme" dan "fantastisme"-nya. Usaha itu kelihatan, tapi belum tampil sebagai sebuah visi. Kebanyakan potret anak laki-laki tergambar brilian, namun lagi-lagi, jiwanya tidak mencukupi. Meski figur-figur itu sensitif, garis-garisnya amat bagus, dan begitu kuat melawan bidang warna.

Dalam beberapa lukisan Sonnega tampak keluar dari dirinya sendiri. Ini terjadi ketika ia melupakan *style*-nya dan melihat kenyataan sebagai super-realitas. Ini tampak dalam lukisan yang beraroma kesedihan, *Appassionata*. Rasanya ia akan berhasil menembus super-realitas ketika tema-temanya menyertakan aspek-aspek yang dinamis. Tak tahu, apakah ia akan memperhatikan ini. Lantaran Sonnega seperti pelukis yang tak ada problem. Problem kemarin, problem sekarang, dan problem kemudian yang menuntut dia untuk keras memikirkan solusi.

Lalu, marilah kita menutup dengan harapan, berdasarkan sinyal-sinyal perkembangan seorang pelukis. Kita berharap bisa melihat lebih banyak karyanya di masa depan. Seni tampaknya menjadi kebutuhan pada saat ini. Dan kita membutuhkan lebih dari yang dibutuhkan itu. ***

Emiria Soenassa

Oleh A.W. Smit

(Koran berbahasa Belanda,
Het Dagblad, 19 November 1948)

Segala yang ada di bawah matahari tropis akan mendorong seorang pelukis untuk memberi warna dengan gairah yang tak terkira. Hal ini bisa dilihat pada lukisan-lukisan Basoeki Abdullah, yang mungkin terpengaruh Locatelli. Pada lukisan Lee Man Fong, seorang pelukis Cina dari Singapura, yang sebelum memasuki kanvas-kanvas besar tidak sempat dikenali.

Dan sekarang, di ruang *ground floor* besar yang dulu disebut sebagai bangunan Kunstkring, tergelar kanvas-kanvas Emiria Soenassa. Seorang otodidak yang pertama kali melukis pada 1940. Apa yang kita lihat di situ? Tak lain adalah sebuah kekayaan warna! Bagi kami yang belum lama mengalami tahun-tahun penderitaan perang dengan kegelapan masa depan, lukisan-lukisan ini memberikan kekuatan yang luas. Apalagi temanya yang mengajak kami berjalan ke mana-mana

Lukisan Emiria Soenassa.

dengan merdeka, seperti Batavia Tua, Bali, Tanah Papua, Borneo. Dan yang dilukiskan adalah kehidupan sehari-hari di jalan-jalan dan di ladang. Tak lupa bunga-bunga, figur-figur, batu-batu, matahari yang terbenam dengan liris. Tersaji juga lukisan alam benda seperti topeng dan lukisan potret diri.

Segala sesuatu di situ diekspresikan dengan keluasan perasaan. Warna-warnanya yang terang dan murni membuat karya-karya Emiria terasa otentik. Memperlihatkan keberanian untuk bicara, yang menandai bahwa dirinya adalah pelukis yang siap menangkap kesuksesan.***

Eksposisi Berjalan
Oleh Arie Smit

(Majalah *Basis*, Juni 1969)

Bagaimanakah kita akan menamakan para pelukis itu, yang di Cirebon, Tegal, Pekalongan, dan mungkin juga di kota-kota lain, menghiasi becak-becak dengan lukisan-lukisan yang demikian segar dan orisinil? Mereka sendiri menggantungkan di muka bengkelnya ("sanggar" sekiranya lebih tepat) sebuah papan yang bertuliskan "Tukang cat sepeda". Dan mengecat sepeda-sepeda memang pekerjaan mereka yang pertama. Dengan tangan yang tak gentar mereka menggariskan garis-garis emas pada spatbor-spatbor merah, atau dengan huruf-huruf hiasan melengkapi sepeda-sepeda jengki dengan merek-merek terkenal.

"Tukang-tukang cat sepeda" inilah yang juga menghiasi bagian belakang daripada becak-becak, yaitu bagian belakang dari tempat duduk penumpang. Dengan cat-lak yang lekas kering dan yang mereka pergunakan untuk spatbor-spatbor mereka. Juga membuat lukisan-lukisan sungguh-sungguh, ekspresi bebas, gaya pribadi. Sebuah pemandangan alam, sebuah pemandangan kota, laut, koboi-koboi, harimau-harimau yang sedang beraksi. Dari ratusan becak yang ada di Cirebon tak ada yang memperlihatkan lukisan yang sama. Gaya dan coraknya berbeda-beda, dan setelah mengamat-amati becak-becak itu selama sepuluh hari secara cermat, maka saya dapat membedakan gaya dan pelukisnya.

Golongan amatirkah mereka itu? Mungkin juga mereka menghasilkan lebih banyak lukisan daripada seorang pelukis "profesional", tetapi mereka tidak mengadakan eksposisi-eksposisi. Sekalipun demikian, bagi saya kota Cirebon merupakan satu eksposisi besar. Dan faktor yang menambahkan daya penarik dari eksposisi ini ialah lukisan-lukisan tidak bergantung rapi pada dinding sebuah ruang pameran, melainkan berkeliling di jalan-jalan raya.

Keuntungan lebih yang dimiliki seorang pelukis profesional daripada pelukis amatir ialah bahwa ia telah dididik pada sebuah sekolah kejuruan. Karena itu ia juga "diakui" oleh umum. Dalam kalangan seni rupa istilah "amatir" biasanya tidak mengandung nada menghina.

Menurut sementara kritikus, Vincent van Gogh pada hakekatnya tak lain daripada seorang amatir seumur hidupnya. Dan banyak pelukis-pelukis profesional berusaha (seperti diadakan oleh van Gogh) untuk melupakan pengalaman dan pengetahuan dari masa didikan mereka. Menurut pendapat mereka, kreativitas harus tercapai dalam keadaan kosong melompong dengan diilhami oleh intuisi dorongan jiwa.

Seorang amatir pun memiliki beberapa keuntungan. Ia melukis tanpa menghiraukan apa yang sedang terjadi di dunia seni di luar lingkungannya sendiri. Pada bidang teknis dan teoretis ia tidak mengalami kekangan-kekangan sehingga daya kerjanya meluap-luap. Ia melukis karena ia suka melukis dan apa-apa saja yang dapat memberi ilham dipergunakannya, misalnya foto-foto dari majalah-majalah, kartu pos-kartu pos bergambar, iklan-iklan, dan sebagainya. Ide-idenya tidak

Ruang pameran Bataviasche Kunstkring.

dibikin-bikin, timbul secara spontan, dan ia sering dibantu oleh suatu ilham yang tidak dimiliki seorang pelukis profesional.

Para pelukis becak adalah orang-orang sederhana dan rakyat biasa. Mereka mempunyai bakat tetapi tidak suka mengikuti sebuah kursus menggambar, sekalipun biaya dapat mereka pikul. Mereka percayakan kepandaian mereka sendiri dan nasihat-nasihat mereka terima dengan senyuman, tetapi tidak mereka ikuti. Mereka juga melukis untuk rakyat. Hasil karya mereka dikagumi oleh para tetangga, tukang-tukang becak, orang-orang dari lorong, dan para penumpang. Karya mereka itu sendiri bukan teoretis, sederhana seolah-olah dari dunia kanak-kanak. Tetapi tekniknya sungguh lihai sekali. Di mana-mana saja terdapat seni semacam ini, ialah "seni rakyat". Ya, seni dari rakyat dan untuk rakyat. Tepatlah sebuah sektor dari dunia seni rupa yang di negara kita ini demikian kuat dan menarik, demikian sehat dan penuh harapan untuk hari depan. Kita tidak akan membuat propaganda bagi mereka, atau minta subsidi dari pemerintah, mereka tak perlu dicarikan beasiswa di luar negeri. Biarlah pelukis-pelukis rakyat kerja terus di tengah-tengah lingkungan mereka sendiri. Dan apresiasi kita mereka terima dengan senang hati.

Dalam lukisan-lukisan mereka terdapat kesalahan-kesalahan. Kesalahan dalam perspektif, dalam kombinasi warna-warna, dalam detail, bentuk-bentuk orang yang baru dimasukkan ke dalam keseluruhan bila lukisan hampir selesai, lagi secara kaku. Berdampingan dengan kesalahan-kesalahan ini, terdapat pula sifat-sifat estetis yang berarti, ada kehangatan yang mendalam, keelokan yang menarik. Dan terutama komposisi yang kuat dan interesan, sederhana tapi meyakinkan.

Tak dapat disangsikan bahwa pelukis-pelukis becak ini termasuk golongan pelukis realis. Dengan teliti sekali dilukiskan kawat-kawat telepon, lampu-lampu neon, dan nama-nama di muka toko-toko. Cuaca adalah cuaca sungguh-sungguh, dan genting-genting di atas atap digambarkan satu per satu. Walaupun detail-detail diperhatikan dengan cermat, dunia ciptaan mereka tetap suatu dunia yang ajaib. Realitas mereka adalah realitas yang aneh.

Saya pernah melihat pemandangan-pemandangan kota yang lebih menyerupai kota-kota raksasa dari masa depan: pemandangan-

pemandangan alam yang bukan dari dunia sini. Seolah-olah setengah impian. Lihatlah misalnya telaga yang sunyi sepi itu, dikitari oleh sebuah pagar jam, panjang putih. Sebuah rumah terpencil tanpa tanda-tanda bahwa ada penghuninya, sebuah tugu yang tak ada fungsinya. Sebuah impian cita-cita mengenai ketertiban, ketenteraman, dan kerapian dari seorang pelukis miskin yang beserta keluarganya hidup dalam sebuah kamar sempit dalam sebuah kota yang ramai, panas, dan penuh debu. Dan pelukis yang menggambarkan sebuah masjid yang serba sejuk, bukankan dia beberapa detik saja menjelma sebagai seorang sultan yang menghadiahkan kepada rakyatnya sebuah tempat ibadat?

Sungguh sebuah dunia yang serba puitis yang dihuni oleh pelukis-pelukis kita, dunia yang penuh bukit-bukit dengan harimau-harimau, air terjun. Vila-vila yang indah dan kota-kota yang rapi bersih dan khayalan mereka bukan steril. Beratus-ratus becak memperlihatkan koboi-koboi dalam macam-macam sikap, siap untuk bergulat.

Habis liburan di Cirebon saya kembali ke Bali, bersama-sama dengan delapan buah kopi dari lukisan-lukisan becak. Kopi-kopi itu saya pesan pada pelukis-pelukis yang juga membuat aslinya. Dan hasil seni dari Pulau Jawa kini merupakan sebuah sumber kesedapan bagi setiap orang yang mengunjungi sanggar saya. "Beh," demikian komentar pelukis-pelukis Bali. Seruan yang melahirkan rasa kagum dan dengan asyik mereka duduk di muka lukisan-lukisan itu untuk menikmatinya dengan tenang.

***

Lukisan Nyoman Tjakra, tokoh Young Artist.

VII

Album Lukisan Arie Smit

"Judul yang tertulis dalam lukisan saya
hanya sekadar tanda.
Karena judul yang sesungguhnya
ditulis oleh mata dan imajinasi Saudara."

Arie Smit

"Borobudur", 1958

Tinta dan cat air di kertas, 37 x 50 cm.

"Tari Keris, Bali", 1958

Cat minyak di kanvas, 73 x 62 cm.

"Gunung Lawu, Magetan", 1959

Tinta dan tempera di kertas, 38 x 52 cm.

"Pura Umgebang", 1975

Cat minyak di kanvas, 61 x 46 cm.

"Pohon Buah dan Rumah", c.1964

Cat minyak di kanvas, 31 x 31 cm.

"Alam Benda dan Pantai Bali", 1974

Cat minyak di kanvas, 40 x 50 cm.

"Pura Kecil", 1984

Cat air di kertas, 27 x 33 cm.

"Sudut Kompleks Pura Tua", c. 1969

Cat minyak di kanvas, 74 x 114,5 cm.

"Menyapu di Halaman Pura", 1983

Cat minyak di kanvas, 64 x 79 cm.

"Sopir-sopir Bemo Sedang Mandi", 1981

Cat minyak di kanvas, 100 x 73 cm.

"Lampu Duduk di Sanur", 1984

Cat minyak di kanvas, 42 x 48 cm.

"Pedanda atawa Pendeta Hindu", 1991

Akrilik di kanvas, 70 x 96 cm.

"Istirahat di Bawah Pohon", 1991

Cat minyak di kanvas, 76,5 x 66,5 cm.

"Persiapan Upacara Kecil", 1992

Cat minyak di kanvas, 58 x 67,5 cm.

"Pemandangan di Bali", 2001

Akrilik di kanvas, 35 x 36 cm.

"Pohon di Puncak Bukit", 1990

Akrilik di kertas, 54,5 x 39,5 cm.

"Pemandangan dengan Jalanan Motor", 1995

Akrilik di kanvas, 105 x 105 cm.

"Pura dan Sawah", 1993

Akrilik di kanvas, 63,5 x 81 cm.

"Bunga Merah Putih Biru", 1988

Akrilik di kanvas, 20 x 22 cm.

"Bali dalam Nuansa Kuning", 1980

Cat mintak di kanvas, 65 x 85 cm.

"Pura Merah dan Pohon Merah", 1991

Cat minyak di kanvas, 60 x 50 cm.

"Dua Wanita Beristirahat", 1994

Akrilik di kanvas, 50 x 60 cm.

"Dalam Cahaya Biru, 1994

Akrilik di kanvas, 150 x 101,5 cm.

"Tiga Wanita Pembawa Sesaji",

Akrilik di kanvas, 30 x 57 cm.

"Nyiur Melambai di Tepi Pantai", 1991

Akrilik di kanvas, 61 x 76,5 cm.

"Purnama di Atas Pura", 1991

Akrilik di kanvas, 34 x 34 cm.

"Danau Kecil", 2000

Akrilik di kanvas, 32 x 36,5 cm.

"Pemandangan Taman", 1991

Akrilik di kanvas, 109 x 79,5 cm.

"Sudut Ubud, Kenangan Gerhana", 2003

Akrilik di kanvas, 24 X 35 cm.

"Kampung Violet", 1976

Cat minyak di kanvas, 42 x 48 cm.

"Bunga Maroon dengan Latar Hijau", 2002

Akrilik di kanvas, 26,5 x 31 cm.

"Impresi Hujan di Kebun Jeruk", 2009

Akrilik di kanvas, 30 x 50 cm.

"Pura di Bawah Pohon Keramat", 1988

Cat minyak di kanvas, 85 x 65 cm.

"Sehabis Hujan di Pura Bangli, Bali", 1996

Akrilik di kanvas, 45 x 47 cm.

"Pura Desa", 1997

Akrilik di kanvas tertempel di papan, 35 x 49 cm.

"Persiapan Upacara", 1995

Akrilik di kanvas, 24 x 24 cm.

"Pura di Rimbun Pohon", 2002

Akrilik di kanvas, 70 x 75 cm.

"Pura Sinar Biru", 1997

Akrilik di kanvas, 24 x 25 cm.

"Meru Merah", 1994

Akrilik di kanvas, 31 x 31 cm.

"Kabut di Ubud", 1991

Akrilik di kanvas, 91 x 121,5 cm.

"Cahaya Pagi", 1981

Akrilik di kanvas, 62 x 72 cm.

"Sudut Desa, Bali" 1993

Cat minyak di kanvas, 145 x 145 cm.

"Impresi Tanah Gembur, Desa Bali", 2005

Akrilik di kanvas, 56,5 x 64 cm.

"Pintu Masuk", 1994

Akrilik di kanvas, 26,5 x 40 cm.

"Ke Pasar Saat Matahari Terbit" 1995

Akrilik di kanvas, 44 x 49 cm.

"Pura Desa Senjakala", 2001

Akrilik di kanvas, 47 x 56 cm.

"Fajar Menyingsing" 1999

Akrilik di kanvs, 50 x 60 cm.

"Pura di Desa", 1991

Akrilik di kanvas, 40,5 x 43,5 cm.

"Arie, Potret Diri", 2004

Akrilik di kanvas, 70 x 50 cm.

"Sudut Dusun" 2010

Akrilik di kanvas, 30 x 40 cm.

"Pasar Pagi", 1994

Akrilik di kanvas, 37 x 40,2 cm.

"Hibiscus", 1989

Akrilik di kanvas, 71 x 52,5 cm.

"Dua Wanita Keluar dari Villa", 1995

Akrilik di kanvas, 85 x 65 cm.

"Pura dan Pohon dari Lintasan Kendaraan", 1985

Akrilik di kanvas, 31,5 x 45 cm.

"Malam Terang Bulan", 1987

Akrilik di kanvas, 50,5 x 65,5 cm.

"Ketika Langit Biru", 2004

Akrilik di kanvas, 70 x 50 cm.

"Fajar Menyingsing", 2000

Akrilik di kanvas, 50 x 60 cm.

Daftar Pustaka

Buku:

Aguier, Phillipe & Georges Breguest (ed). 2009. *Museum Pasifika*, Singapura: Equinox.

Bujono, Bambang & Wicaksono Adi. 2012. *Seni Rupa Indonesia Dalam Kritik dan Esai*. Jakarta: Dewan Kesenian Jakarta.

Dermawan T, Agus. 1993. *Puisi Warna Arie Smit*. Jakarta: Yayasan Seni Rupa AIA.

Dermawan T, Agus. 2006. *Bali Bravo - Lexicon of 200 Year Balinese Traditional Painters*. Jakarta: Panitia Bali Bangkit.

Dermawan T, Agus & Mikke Susanto. 2013. *Maestro Seni Rupa Modern Indonesia*. Jakarta: R & W dan Kementerian Pariwisata & Ekonomi Kreatif Republik Indonesia.

Fong, Lee Man. 1964. *Lukisan-lukisan dan Patung-patung Koleksi Dr. Ir. Sukarno*. Jakarta: Panitia Penerbit Lukisan-lukisan dan Patung-patung Koleksi Presiden Sukarno.

Haaxman, J.de Loos. 1968. *Verlaat Rapport Indie*. Belanda: Moutan & Co, s'Gravenhage.

Haks, Leo & Guus Maris. 1995. *Lexicon of Foreign Artists Who Visualized Indonesia 1600-1950*. Singapura: Archipelago Press.

Holt, Claire. 1967. *Art in Indonesia, Continuities and Change*. Ithaca, New York: Cornell University Press.

Windia, Wayan P, dkk. 1996. *Profil Seniman Gianyar*. Bali: Bagian Humas Kabupaten Gianyar.

Kam, Garrett. 1990. *Poetic Realism - The Art of Arie Smit*, CSIS Jakarta & Neka Museum, Bali.

Kam, Garrett. 1999. *Radiant Reflections - Ideas and Images in the art of Arie Smit*, Jakarta: Global Art Foundation.

Merrilless, Scott. 2012. *Greeting from Jakarta - Postcards of Capital 1900-1950*. Kuala Lumpur: Equinox Publishing.

Neka, Suteja. 2012. *Pengantar Koleksi Museum Neka*. Bali: Yayasan Dharma Seni Museum Neka.

Smit, Lucienne. 2016. *Arie Smit, A Painter's Life in the Tropics*. Belanda: Pictures Publisher.

Spanjaard, Helena. 2013. *Modern Balinese Painting, The Relationship with Rudolf Bonnet & Arie Smit*. Jakarta: Erasmus Huis.

Spanjaard, Helena & Kurniawan Wigena. 2008. *Indonesian Odyssey*, Singapura: Equinox.

Sudarmaji, Koes Karnadi. 1995. *Arie Smit*, Bali: Koes Artbooks.

Sudarta, G.M. 1975. *Seni Lukis Bali Dalam 3 Generasi*. Jakarta: PT. Gramedia.

Tambayong, Yapi. 2013. *Kamus Isme-isme*. Bandung: Penerbit Nuansa Cendekia.

Winarno, Bondan, Agus Dermawan T, dan Guntur Santoso. 2004. *Rumah Bangsa-Istana-istana Presiden Republik Indonesia*, Jakarta: Sekretariat Negara Republik Indonesia.

Wirata, Putu. 2000. *Arie Smit Memburu Cahaya Bali*. Bali: Neka Art Museum.

Koran, majalah, dan katalog:

Het Dagblad, Bataviaacshe Niewsblad, Niewsgier, Java Bode, Scala, Sin Po, Pantja Warna, Star Weekly, Kompas, Media Indonesia, International Herald Tribun, Indonesian Observer, The Jakarta Post, Tempo, Gatra, Gamma, Koran Tempo, Intisari, Reader's Digest, Bali Post, Suara Pembaruan. Berbagai katalog pameran yang berkaitan dengan Arie Smit.

Wawancara dan Percakapan:

Dengan Arie Smit sejak 1990 sampai 2012. Dengan Suteja Neka, Garrett Kam, Agung Rai, Nyoman Tusan, Agung Raka, Jusuf Wanandi, Tossin Himawan, Ketut Tama, Koes Karnadi, Haryono Haryoguritno, Rudolf G.Usman, Nyoman Sugara, Wayan Kastina, Ketut Soki, Ngurah K.K., Nyoman Tjakra, Made Sinteg, Ketut Tagen, sejumlah staf Vila Sanggingan, dan lain-lain.

Sumber Foto

Arie Smit, Koes Karnadi, Agus Dermawan T, buku *Arie Smit: Painter's Life in the Tropics*, Suteja Neka, Kurniawan Wigena.

Ucapan Terima Kasih

Kepada kolektor lukisan dalam buku ini: Istana Presiden Republik Indonesia, Tossin Himawan, Subandi Salim, Jusuf Wanandi, Neka Museum, Biro Lelang Masterpiece, Anita & Syamsul Sutomo, Guntur Santoso, Iliana Lie, Benny Santoso Halim, J. Surya Iskandar, Peter Natadihardja, Hendro Tan, Hartono Sumarsono, Inge & Suprajitno Sutomo, Ijek Widyakrisnadi, John Andreas, Lans Brahmantyo, Wiyono Tanoko, Leonard Tjahjadi, Johann Karunia, Duta Fine Art Gallery.

Biodata Penulis

Agus Dermawan T dan Arie Smit
(Foto: Robby L)

AGUS DERMAWAN T.

Lahir di Rogojampi, Jawa Timur, 29 April 1952. Sekolah menengah ditempuh di SMA St. Louis, Surabaya. Pendidikan seni di Sekolah Tinggi Seni Rupa "Asri" Yogyakarta, 1971-1976. Menulis esai, kritik seni, feature, catatan perjalanan, cerpen dan puisi sejak 1974 di media massa, seperti Kompas, Tempo, Gatra, Koran Tempo, Reader's Digest.

Menyusun kitab monografi, di antaranya tentang Widajat, Nyoman Gunarsa, Hendra Gunawan. Menulis buku *Leksikon Pelukis Tradisional Bali 200 Tahun*; *Sihir Rumah Ibu - Menyidik Politik dan Sosial Budaya dengan Kacamata Budaya*; *Basoeki Abdullah - Sang Hanoman Keloyongan*; *Melipat Air - Jurus Budaya Pendekar Tionghoa: Lee Man Fong, Siauw Tik Kwie, Lim Wasim; Arie Smit - Hikayat Luar Biasa Tentara Penembak Cahaya.*

Menerima penghargaan Kementerian Pariwisata dan Seni (1998), Dinas Permuseuman Jakarta (2004), Visual Arts Award (2011). Konsultan biro lelang Christie's Singapura 1993-2013. Menerima beberapa penghargaan sastra. Konsultan koleksi benda-benda seni Istana Kepresidenan.

Biodata Pembuat Karikatur

G.M. SUDARTA

Kelahiran Klaten, Jawa Tengah, 1948. Terkenal sebagai karikaturis harian Kompas yang mencipta tokoh Om Pasikom. Penerima berbagai penghargaan karikatur nasional dan internasional. Menerbitkan berbagai buku tentang karikatur. Pernah menjadi dosen seni rupa di Jepang. Karikatur yang menghiasi buku ini berjudul "Arie Smit, Pelukis Nyurodadu", atau Arie Smit, pelukis yang (dipaksa) jadi serdadu.

"Sejak semula saya mendekati Indonesia dengan hati, bukan dengan pikiran petugas milisi. Saya pun melukis dengan perasaan, bukan dengan pikiran. Jika kamu percaya bahwa perasaan adalah genade, *anugerah Tuhan, maka Tuhan tidak akan meminta balik anugerah itu, sampai waktu memutus hidupmu...."*

Arie Smit